PORTUGEES

WOORDENSCHAT

THEMATISCHE WOORDENLIJST

NEDERLANDS
PORTUGEES

De meest bruikbare woorden
Om uw woordenschat uit te breiden en
uw taalvaardigheid aan te scherpen

3000 woorden

Thematische woordenschat Nederlands-Braziliaans Portugees - 3000 woorden
Door Andrey Taranov

Woordenlijsten van T&P Books zijn bedoeld om u woorden van een vreemde taal te helpen leren, onthouden, en bestudering. Dit woordenboek is ingedeeld in thema's en behandelt alle belangrijk terreinen van het dagelijkse leven, bedrijven, wetenschap, cultuur, etc.

Het proces van het leren van woorden met behulp van de op thema's gebaseerde aanpak van T&P Books biedt u de volgende voordelen:

- Correct gegroepeerde informatie is bepalend voor succes bij opeenvolgende stadia van het leren van woorden
- De beschikbaarheid van woorden die van dezelfde stam zijn maakt het mogelijk om woordgroepen te onthouden (in plaats van losse woorden)
- Kleine groepen van woorden faciliteren het proces van het aanmaken van associatieve verbindingen, die nodig zijn bij het consolideren van de woordenschat
- Het niveau van talenkennis kan worden ingeschat door het aantal geleerde woorden

T&P Books Publishing
www.tpbooks.com

ISBN: 978-1-80001-789-4

Dit boek is ook beschikbaar in e-boek formaat.
Gelieve www.tpbooks.com te bezoeken of de belangrijkste online boekwinkels.

BRAZILIAANS PORTUGESE WOORDENSCHAT
nieuwe woorden leren

T&P Books woordenlijsten zijn bedoeld om u te helpen vreemde woorden te leren, te onthouden, en te bestuderen. De woordenschat bevat meer dan 3000 veel gebruikte woorden die thematisch geordend zijn.

* De woordenlijst bevat de meest gebruikte woorden
* Aanbevolen als aanvulling bij welke taalcursus dan ook
* Voldoet aan de behoeften van de beginnende en gevorderde student in vreemde talen
* Geschikt voor dagelijks gebruik, bestudering en zelftestactiviteiten
* Maakt het mogelijk om uw woordenschat te evalueren

Bijzondere kenmerken van de woordenschat

* De woorden zijn gerangschikt naar hun betekenis, niet volgens alfabet
* De woorden worden weergegeven in drie kolommen om bestudering en zelftesten te vergemakkelijken
* Woorden in groepen worden verdeeld in kleine blokken om het leerproces te vergemakkelijken
* De woordenschat biedt een handige en eenvoudige beschrijving van elk buitenlands woord

De woordenschat bevat 101 onderwerpen zoals:

Basisconcepten, getallen, kleuren, maanden, seizoenen, meeteenheden, kleding en accessoires, eten & voeding, restaurant, familieleden, verwanten, karakter, gevoelens, emoties, ziekten, stad, dorp, bezienswaardigheden, winkelen, geld, huis, thuis, kantoor, werken op kantoor, import & export, marketing, werk zoeken, sport, onderwijs, computer, internet, gereedschap, natuur, landen, nationaliteiten en meer ...

INHOUDSOPGAVE

UITSPRAAKGIDS

T&P fonetisch alfabet	Portugees voorbeeld	Nederlands voorbeeld

Klinkers

[a]	baixo ['baɪʃu]	acht
[e]	erro ['eʀu]	delen, spreken
[ɛ]	leve ['lɛvə]	elf, zwembad
[i]	lancil [lã'sil]	bidden, tint
[o], [ɔ]	boca, orar ['bokɐ], [ɔ'raɾ]	overeenkomst, bot
[u]	urgente [ur'ʒẽtə]	hoed, doe
[ã]	toranja [tu'rãʒe]	nasale [a]
[ẽ]	gente ['ʒẽtə]	zwemmen, existeren
[ĩ]	seringa [sə'rĩgɐ]	nasale [i]
[õ]	ponto ['põtu]	nasale [o]
[ũ]	umbigo [ũ'bigu]	nasale [u]

Medeklinkers

[b]	banco ['bãku]	hebben
[d]	duche ['duʃe]	Dank u, honderd
[dʒ]	abade [a'badʒi]	jeans, jungle
[f]	facto ['faktu]	feestdag, informeren
[g]	gorila [gu'rilɐ]	goal, tango
[j]	feira ['fejrɐ]	New York, januari
[k]	claro ['klaru]	kennen, kleur
[l]	Londres ['lõdrəʃ]	delen, luchter
[ʎ]	molho ['moʎu]	biljet, morille
[m]	montanha [mõ'tɐɲɐ]	morgen, etmaal
[n]	novela [nu'vɛlɐ]	nemen, zonder
[ɲ]	senhora [sə'ɲorɐ]	cognac, nieuw
[ŋ]	marketing ['marketĩ]	optelling
[p]	prata ['pratɐ]	parallel, koper
[s]	safira [sɐ'firɐ]	spreken, kosten
[ʃ]	texto ['tɛʃtu]	shampoo, machine
[t]	teto ['tɛtu]	tomaat, taart
[tʃ]	doente [do'ẽtʃi]	Tsjechië, cello
[v]	alvo ['alvu]	beloven, schrijven
[z]	vizinha [vi'ziɲɐ]	zeven, zesde
[ʒ]	juntos ['ʒũtuʃ]	journalist, rouge
[w]	sequoia [sə'kwɔjɐ]	twee, willen

AFKORTINGEN
gebruikt in de woordenschat

Nederlandse afkortingen

abn	-	als bijvoeglijk naamwoord
bijv.	-	bijvoorbeeld
bn	-	bijvoeglijk naamwoord
bw	-	bijwoord
enk.	-	enkelvoud
enz.	-	enzovoort
form.	-	formele taal
inform.	-	informele taal
mann.	-	mannelijk
mil.	-	militair
mv.	-	meervoud
on.ww.	-	onovergankelijk werkwoord
ontelb.	-	ontelbaar
ov.	-	over
ov.ww.	-	overgankelijk werkwoord
telb.	-	telbaar
vn	-	voornaamwoord
vrouw.	-	vrouwelijk
vw	-	voegwoord
vz	-	voorzetsel
wisk.	-	wiskunde
ww	-	werkwoord

Nederlandse artikelen

de	-	gemeenschappelijk geslacht
de/het	-	gemeenschappelijk geslacht, onzijdig
het	-	onzijdig

Portugese afkortingen

f	-	vrouwelijk zelfstandig naamwoord
f pl	-	vrouwelijk meervoud
m	-	mannelijk zelfstandig naamwoord
m pl	-	mannelijk meervoud
m, f	-	mannelijk, vrouwelijk

pl	-	meervoud
v aux	-	hulp werkwoord
vi	-	onovergankelijk werkwoord
vi, vt	-	onovergankelijk, overgankelijk werkwoord
vr	-	reflexief werkwoord
vt	-	overgankelijk werkwoord

BASISBEGRIPPEN

1. Voornaamwoorden

ik	eu	['ew]
jij, je	você	[vɔ'se]
hij	ele	['ɛli]
zij, ze	ela	['ɛla]
wij, we	nós	[nɔs]
jullie	vocês	[vɔ'ses]
zij, ze (mann.)	eles	['ɛlis]
zij, ze (vrouw.)	elas	['ɛlas]

2. Begroetingen. Begroetingen

Hallo! Dag!	Oi!	[ɔj]
Hallo!	Olá!	[o'la]
Goedemorgen!	Bom dia!	[bõ 'dʒia]
Goedemiddag!	Boa tarde!	['boa 'tardʒi]
Goedenavond!	Boa noite!	['boa 'nojtʃi]
gedag zeggen (groeten)	cumprimentar (vt)	[kũprimẽ'tar]
Hoi!	Oi!	[ɔj]
groeten (het)	saudação (f)	[sawda'sãw]
verwelkomen (ww)	saudar (vt)	[saw'dar]
Hoe gaat het met u?	Como você está?	['kɔmu vo'se is'ta]
Hoe is het?	Como vai?	['kɔmu 'vaj]
Is er nog nieuws?	E aí, novidades?	[a a'i novi'dadʒis]
Dag! Tot ziens!	Tchau!	['tʃaw]
Tot snel! Tot ziens!	Até breve!	[a'tɛ 'brɛvi]
Vaarwel!	Adeus!	[a'dews]
afscheid nemen (ww)	despedir-se (vr)	[dʒispe'dʒirsi]
Tot kijk!	Até mais!	[a'tɛ majs]
Dank u!	Obrigado! -a!	[obri'gadu, -a]
Dank u wel!	Muito obrigado! -a!	['mwĩtu obri'gadu, -a]
Graag gedaan	De nada	[de 'nada]
Geen dank!	Não tem de quê	['nãw tẽj de ke]
Geen moeite.	Não foi nada!	['nãw foj 'nada]
Excuseer me, ... (inform.)	Desculpa!	[dʒis'kuwpa]
Excuseer me, ... (form.)	Desculpe!	[dʒis'kuwpe]
excuseren (verontschuldigen)	desculpar (vt)	[dʒiskuw'par]
zich verontschuldigen	desculpar-se (vr)	[dʒiskuw'parsi]
Mijn excuses.	Me desculpe	[mi dʒis'kuwpe]

Het spijt me!	Desculpe!	[dʒis'kuwpe]
vergeven (ww)	perdoar (vt)	[per'dwar]
Maakt niet uit!	Não faz mal	['nãw fajʒ maw]
alsjeblieft	por favor	[por fa'vor]

Vergeet het niet!	Não se esqueça!	['nãw si is'kesa]
Natuurlijk!	Com certeza!	[kõ ser'teza]
Natuurlijk niet!	Claro que não!	['klaru ki 'nãw]
Akkoord!	Está bem! De acordo!	[is'ta bẽj], [de a'kordu]
Zo is het genoeg!	Chega!	['ʃega]

3. Vragen

Wie?	Quem?	[kẽj]
Wat?	O que?	[u ki]
Waar?	Onde?	['õdʒi]
Waarheen?	Para onde?	['para 'õdʒi]
Waarvandaan?	De onde?	[de 'õdʒi]
Wanneer?	Quando?	['kwãdu]
Waarom?	Para quê?	['para ke]
Waarom?	Por quê?	[por 'ke]

Waarvoor dan ook?	Para quê?	['para ke]
Hoe?	Como?	['kɔmu]
Wat voor ...?	Qual?	[kwaw]
Welk?	Qual?	[kwaw]

Aan wie?	A quem?	[a kẽj]
Over wie?	De quem?	[de kẽj]
Waarover?	Do quê?	[du ke]
Met wie?	Com quem?	[kõ kẽj]

Hoeveel? (telb.)	Quantos? -as?	['kwãtus, -as]
Hoeveel? (ontelb.)	Quanto?	['kwãtu]
Van wie? (mann.)	De quem?	[de kẽj]

4. Voorzetsels

met (bijv. ~ beleg)	com	[kõ]
zonder (~ accent)	sem	[sẽ]
naar (in de richting van)	a ..., para ...	[a], ['para]
over (praten ~)	sobre ...	['sobri]
voor (in tijd)	antes de ...	['ãtʃis de]
voor (aan de voorkant)	em frente de ...	[ẽ 'frẽtʃi de]

onder (lager dan)	debaixo de ...	[de'baɪʃu de]
boven (hoger dan)	sobre ..., em cima de ...	['sobri], [ẽ 'sima de]
op (bovenop)	em ..., sobre ...	[ẽ], ['sobri]
van (uit, afkomstig van)	de ...	[de]
van (gemaakt van)	de ...	[de]
over (bijv. ~ een uur)	em ...	[ẽ]
over (over de bovenkant)	por cima de ...	[por 'sima de]

5. Functiewoorden. Bijwoorden. Deel 1

Waar?	Onde?	['õdʒi]
hier (bw)	aqui	[a'ki]
daar (bw)	lá, ali	[la], [a'li]

ergens (bw)	em algum lugar	[ẽ aw'gũ lu'gar]
nergens (bw)	em lugar nenhum	[ẽ lu'gar ne'ɲũ]

bij ... (in de buurt)	perto de ...	['pɛrtu de]
bij het raam	perto da janela	['pɛrtu da ʒa'nɛla]

Waarheen?	Para onde?	['para 'õdʒi]
hierheen (bw)	aqui	[a'ki]
daarheen (bw)	para lá	['para la]
hiervandaan (bw)	daqui	[da'ki]
daarvandaan (bw)	de lá, dali	[de la], [da'li]

dichtbij (bw)	perto	['pɛrtu]
ver (bw)	longe	['lõʒi]

in de buurt (van ...)	perto de ...	['pɛrtu de]
dichtbij (bw)	à mão, perto	[a mãw], ['pɛrtu]
niet ver (bw)	não fica longe	['nãw 'fika 'lõʒi]

linker (bn)	esquerdo	[is'kerdu]
links (bw)	à esquerda	[a is'kerda]
linksaf, naar links (bw)	para a esquerda	['para a is'kerda]

rechter (bn)	direito	[dʒi'rejtu]
rechts (bw)	à direita	[a dʒi'rejta]
rechtsaf, naar rechts (bw)	para a direita	['para a dʒi'rejta]

vooraan (bw)	em frente	[ẽ 'frẽtʃi]
voorste (bn)	da frente	[da 'frẽtʃi]
vooruit (bw)	adiante	[a'dʒjãtʃi]

achter (bw)	atrás de ...	[a'trajs de]
van achteren (bw)	de trás	[de trajs]
achteruit (naar achteren)	para trás	['para trajs]

midden (het)	meio (m), metade (f)	['meju], [me'tadʒi]
in het midden (bw)	no meio	[nu 'meju]

opzij (bw)	do lado	[du 'ladu]
overal (bw)	em todo lugar	[ẽ 'todu lu'gar]
omheen (bw)	por todos os lados	[por 'todus os 'ladus]

binnenuit (bw)	de dentro	[de 'dẽtru]
naar ergens (bw)	para algum lugar	['para aw'gũ lu'gar]
rechtdoor (bw)	diretamente	[dʒireta'mẽtʃi]
terug (bijv. ~ komen)	de volta	[de 'vɔwta]
ergens vandaan (bw)	de algum lugar	[de aw'gũ lu'gar]
ergens vandaan (en dit geld moet ~ komen)	de algum lugar	[de aw'gũ lu'gar]

13

ten eerste (bw)	em primeiro lugar	[ẽ pri'mejru lu'gar]
ten tweede (bw)	em segundo lugar	[ẽ se'gũdu lu'gar]
ten derde (bw)	em terceiro lugar	[ẽ ter'sejru lu'gar]

plotseling (bw)	de repente	[de he'pẽtʃi]
in het begin (bw)	no início	[nu i'nisju]
voor de eerste keer (bw)	pela primeira vez	['pɛla pri'mejra 'vez]
lang voor ... (bw)	muito antes de ...	['mwĩtu 'ãtʃis de]
opnieuw (bw)	de novo	[de 'novu]
voor eeuwig (bw)	para sempre	['para 'sẽpri]

nooit (bw)	nunca	['nũka]
weer (bw)	de novo	[de 'novu]
nu (bw)	agora	[a'gɔra]
vaak (bw)	frequentemente	[frekwẽtʃi'mẽtʃi]
toen (bw)	então	[ẽ'tãw]
urgent (bw)	urgentemente	[urʒẽte'mẽtʃi]
meestal (bw)	normalmente	[nɔrmaw'mẽtʃi]

trouwens, ... (tussen haakjes)	a propósito, ...	[a pro'pɔzitu]
mogelijk (bw)	é possível	[ɛ po'sivew]
waarschijnlijk (bw)	provavelmente	[provavɛw'mẽtʃi]
misschien (bw)	talvez	[taw'vez]
trouwens (bw)	além disso, ...	[a'lẽj 'dʒisu]
daarom ...	por isso ...	[por 'isu]
in weerwil van ...	apesar de ...	[ape'zar de]
dankzij ...	graças a ...	['grasas a]

wat (vn)	que	[ki]
dat (vw)	que	[ki]
iets (vn)	algo	[awgu]
iets	alguma coisa	[aw'guma 'kojza]
niets (vn)	nada	['nada]

wie (~ is daar?)	quem	[kẽj]
iemand (een onbekende)	alguém	[aw'gẽj]
iemand (een bepaald persoon)	alguém	[aw'gẽj]

niemand (vn)	ninguém	[nĩ'gẽj]
nergens (bw)	para lugar nenhum	['para lu'gar ne'ɲũ]
niemands (bn)	de ninguém	[de nĩ'gẽj]
iemands (bn)	de alguém	[de aw'gẽj]

zo (Ik ben ~ blij)	tão	[tãw]
ook (evenals)	também	[tã'bẽj]
alsook (eveneens)	também	[tã'bẽj]

6. Functiewoorden. Bijwoorden. Deel 2

Waarom?	Por quê?	[por 'ke]
om een bepaalde reden	por alguma razão	[por aw'guma ha'zãw]
omdat ...	porque ...	[por'ke]

voor een bepaald doel	por qualquer razão	[por kwaw'ker ha'zãw]
en (vw)	e	[i]
of (vw)	ou	['o]
maar (vw)	mas	[mas]
voor (vz)	para	['para]

te (~ veel mensen)	muito, demais	['mwĩtu], [dʒi'majs]
alleen (bw)	só, somente	[sɔ], [sɔ'mẽtʃi]
precies (bw)	exatamente	[ɛzata'mẽtʃi]
ongeveer (~ 10 kg)	cerca de ...	['serka de]

omstreeks (bw)	aproximadamente	[aprosimada'mẽti]
bij benadering (bn)	aproximado	[aprosi'madu]
bijna (bw)	quase	['kwazi]
rest (de)	resto (m)	['hɛstu]

de andere (tweede)	o outro	[u 'otru]
ander (bn)	outro	['otru]
elk (bn)	cada	['kada]
om het even welk	qualquer	[kwaw'ker]
veel (telb.)	muitos, muitas	['mwĩtos], ['mwĩtas]
veel (ontelb.)	muito	['mwĩtu]
veel mensen	muitas pessoas	['mwĩtas pe'soas]
iedereen (alle personen)	todos	['todus]

in ruil voor ...	em troca de ...	[ẽ 'trɔka de]
in ruil (bw)	em troca	[ẽ 'trɔka]
met de hand (bw)	à mão	[a mãw]
onwaarschijnlijk (bw)	pouco provável	['poku pro'vavew]

waarschijnlijk (bw)	provavelmente	[provavɛw'mẽtʃi]
met opzet (bw)	de propósito	[de pro'pɔzitu]
toevallig (bw)	por acidente	[por asi'dẽtʃi]

zeer (bw)	muito	['mwĩtu]
bijvoorbeeld (bw)	por exemplo	[por e'zẽplu]
tussen (~ twee steden)	entre	['ẽtri]
tussen (te midden van)	entre, no meio de ...	['ẽtri], [nu 'meju de]
zoveel (bw)	tanto	['tãtu]
vooral (bw)	especialmente	[ispesjal'mẽte]

GETALLEN. DIVERSEN

7. Kardinale getallen. Deel 1

nul	zero	['zɛru]
een	um	[ũ]
twee	dois	['dojs]
drie	três	[tres]
vier	quatro	['kwatru]

vijf	cinco	['sĩku]
zes	seis	[sejs]
zeven	sete	['sɛtʃi]
acht	oito	['ojtu]
negen	nove	['nɔvi]

tien	dez	[dɛz]
elf	onze	['õzi]
twaalf	doze	['dozi]
dertien	treze	['trezi]
veertien	catorze	[ka'torzi]

vijftien	quinze	['kĩzi]
zestien	dezesseis	[deze'sejs]
zeventien	dezessete	[dezi'setʃi]
achttien	dezoito	[dʒi'zojtu]
negentien	dezenove	[deze'nɔvi]

twintig	vinte	['vĩtʃi]
eenentwintig	vinte e um	['vĩtʃi i ũ]
tweeëntwintig	vinte e dois	['vĩtʃi i 'dojs]
drieëntwintig	vinte e três	['vĩtʃi i 'tres]

dertig	trinta	['trĩta]
eenendertig	trinta e um	['trĩta i ũ]
tweeëndertig	trinta e dois	['trĩta i 'dojs]
drieëndertig	trinta e três	['trĩta i 'tres]

veertig	quarenta	[kwa'rẽta]
eenenveertig	quarenta e um	[kwa'rẽta i 'ũ]
tweeënveertig	quarenta e dois	[kwa'rẽta i 'dojs]
drieënveertig	quarenta e três	[kwa'rẽta i 'tres]

vijftig	cinquenta	[sĩ'kwẽta]
eenenvijftig	cinquenta e um	[sĩ'kwẽta i ũ]
tweeënvijftig	cinquenta e dois	[sĩ'kwẽta i 'dojs]
drieënvijftig	cinquenta e três	[sĩ'kwẽta i 'tres]

zestig	sessenta	[se'sẽta]
eenenzestig	sessenta e um	[se'sẽta i ũ]

| tweeënzestig | sessenta e dois | [se'sẽta i 'dojs] |
| drieënzestig | sessenta e três | [se'sẽta i 'tres] |

zeventig	setenta	[se'tẽta]
eenenzeventig	setenta e um	[se'tẽta i ũ]
tweeënzeventig	setenta e dois	[se'tẽta i 'dojs]
drieënzeventig	setenta e três	[se'tẽta i 'tres]

tachtig	oitenta	[oj'tẽta]
eenentachtig	oitenta e um	[oj'tẽta i 'ũ]
tweeëntachtig	oitenta e dois	[oj'tẽta i 'dojs]
drieëntachtig	oitenta e três	[oj'tẽta i 'tres]

negentig	noventa	[no'vẽta]
eenennegentig	noventa e um	[no'vẽta i 'ũ]
tweeënnegentig	noventa e dois	[no'vẽta i 'dojs]
drieënnegentig	noventa e três	[no'vẽta i 'tres]

8. Kardinale getallen. Deel 2

honderd	cem	[sẽ]
tweehonderd	duzentos	[du'zẽtus]
driehonderd	trezentos	[tre'zẽtus]
vierhonderd	quatrocentos	[kwatro'sẽtus]
vijfhonderd	quinhentos	[ki'ɲẽtus]

zeshonderd	seiscentos	[sej'sẽtus]
zevenhonderd	setecentos	[sete'sẽtus]
achthonderd	oitocentos	[ojtu'sẽtus]
negenhonderd	novecentos	[nove'sẽtus]

duizend	mil	[miw]
tweeduizend	dois mil	['dojs miw]
drieduizend	três mil	['tres miw]
tienduizend	dez mil	['dɛz miw]
honderdduizend	cem mil	[sẽ miw]
miljoen (het)	um milhão	[ũ mi'ʎãw]
miljard (het)	um bilhão	[ũ bi'ʎãw]

9. Ordinale getallen

eerste (bn)	primeiro	[pri'mejru]
tweede (bn)	segundo	[se'gũdu]
derde (bn)	terceiro	[ter'sejru]
vierde (bn)	quarto	['kwartu]
vijfde (bn)	quinto	['kĩtu]

zesde (bn)	sexto	['sestu]
zevende (bn)	sétimo	['sɛtʃimu]
achtste (bn)	oitavo	[oj'tavu]
negende (bn)	nono	['nonu]
tiende (bn)	décimo	['dɛsimu]

KLEUREN. MEETEENHEDEN

10. Kleuren

kleur (de)	cor (f)	[kɔr]
tint (de)	tom (m)	[tõ]
kleurnuance (de)	tonalidade (m)	[tonali'dadʒi]
regenboog (de)	arco-íris (m)	['arku 'iris]
wit (bn)	branco	['brãku]
zwart (bn)	preto	['pretu]
grijs (bn)	cinza	['sĩza]
groen (bn)	verde	['verdʒi]
geel (bn)	amarelo	[ama'rɛlu]
rood (bn)	vermelho	[ver'meʎu]
blauw (bn)	azul	[a'zuw]
lichtblauw (bn)	azul claro	[a'zuw 'klaru]
roze (bn)	rosa	['hɔza]
oranje (bn)	laranja	[la'rãʒa]
violet (bn)	violeta	[vjo'leta]
bruin (bn)	marrom	[ma'hõ]
goud (bn)	dourado	[do'radu]
zilverkleurig (bn)	prateado	[pra'tʃjadu]
beige (bn)	bege	['bɛʒi]
roomkleurig (bn)	creme	['krɛmi]
turkoois (bn)	turquesa	[tur'keza]
kersrood (bn)	vermelho cereja	[ver'meʎu se'reʒa]
lila (bn)	lilás	[li'las]
karmijnrood (bn)	carmim	[kah'mĩ]
licht (bn)	claro	['klaru]
donker (bn)	escuro	[is'kuru]
fel (bn)	vivo	['vivu]
kleur-, kleurig (bn)	de cor	[de kɔr]
kleuren- (abn)	a cores	[a 'kores]
zwart-wit (bn)	preto e branco	['pretu i 'brãku]
eenkleurig (bn)	de uma só cor	[de 'uma sɔ kɔr]
veelkleurig (bn)	multicolor	[muwtʃiko'lor]

11. Meeteenheden

gewicht (het)	peso (m)	['pezu]
lengte (de)	comprimento (m)	[kõpri'mẽtu]

breedte (de)	largura (f)	[lar'gura]
hoogte (de)	altura (f)	[aw'tura]
diepte (de)	profundidade (f)	[profũdʒi'dadʒi]
volume (het)	volume (m)	[vo'lumi]
oppervlakte (de)	área (f)	['arja]

gram (het)	grama (m)	['grama]
milligram (het)	miligrama (m)	[mili'grama]
kilogram (het)	quilograma (m)	[kilo'grama]
ton (duizend kilo)	tonelada (f)	[tune'lada]
pond (het)	libra (f)	['libra]
ons (het)	onça (f)	['õsa]

meter (de)	metro (m)	['mɛtru]
millimeter (de)	milímetro (m)	[mi'limetru]
centimeter (de)	centímetro (m)	[sẽ'tʃimetru]
kilometer (de)	quilômetro (m)	[ki'lometru]
mijl (de)	milha (f)	['miʎa]

duim (de)	polegada (f)	[pole'gada]
voet (de)	pé (m)	[pɛ]
yard (de)	jarda (f)	['ʒarda]

| vierkante meter (de) | metro (m) quadrado | ['mɛtru kwa'dradu] |
| hectare (de) | hectare (m) | [ek'tari] |

liter (de)	litro (m)	['litru]
graad (de)	grau (m)	[graw]
volt (de)	volt (m)	['vɔwtʃi]
ampère (de)	ampère (m)	[ã'pɛri]
paardenkracht (de)	cavalo (m) de potência	[ka'valu de po'tẽsja]

hoeveelheid (de)	quantidade (f)	[kwãtʃi'dadʒi]
een beetje ...	um pouco de ...	[ũ 'poku de]
helft (de)	metade (f)	[me'tadʒi]
dozijn (het)	dúzia (f)	['duzja]
stuk (het)	peça (f)	['pɛsa]

| afmeting (de) | tamanho (m), dimensão (f) | [ta'maɲu], [dʒimẽ'sãw] |
| schaal (bijv. ~ van 1 op 50) | escala (f) | [is'kala] |

minimaal (bn)	mínimo	['minimu]
minste (bn)	menor, mais pequeno	[me'nɔr], [majs pe'kenu]
medium (bn)	médio	['mɛdʒju]
maximaal (bn)	máximo	['masimu]
grootste (bn)	maior, mais grande	[ma'jɔr], [majs 'grãdʒi]

12. Containers

glazen pot (de)	pote (m) de vidro	['potʃi de 'vidru]
blik (conserven~)	lata (f)	['lata]
emmer (de)	balde (m)	['bawdʒi]
ton (bijv. regenton)	barril (m)	[ba'hiw]
ronde waterbak (de)	bacia (f)	[ba'sia]

tank (bijv. watertank-70-ltr)	tanque (m)	['tãki]
heupfles (de)	cantil (m) de bolso	[kã'tʃiw dʒi 'bowsu]
jerrycan (de)	galão (m) de gasolina	[ga'lãw de gazo'lina]
tank (bijv. ketelwagen)	cisterna (f)	[sis'tɛrna]
beker (de)	caneca (f)	[ka'nɛka]
kopje (het)	xícara (f)	['ʃikara]
schoteltje (het)	pires (m)	['piris]
glas (het)	copo (m)	['kɔpu]
wijnglas (het)	taça (f) de vinho	['tasa de 'viɲu]
pan (de)	panela (f)	[pa'nɛla]
fles (de)	garrafa (f)	[ga'hafa]
flessenhals (de)	gargalo (m)	[gar'galu]
karaf (de)	jarra (f)	['ʒaha]
kruik (de)	jarro (m)	['ʒahu]
vat (het)	recipiente (m)	[hesi'pjẽtʃi]
pot (de)	pote (m)	['pɔtʃi]
vaas (de)	vaso (m)	['vazu]
flacon (de)	frasco (m)	['frasku]
flesje (het)	frasquinho (m)	[fras'kiɲu]
tube (bijv. ~ tandpasta)	tubo (m)	['tubu]
zak (bijv. ~ aardappelen)	saco (m)	['saku]
tasje (het)	sacola (f)	[sa'kɔla]
pakje (~ sigaretten, enz.)	maço (m)	['masu]
doos (de)	caixa (f)	['kaɪʃa]
kist (de)	caixote (m)	[kaj'ʃotʃi]
mand (de)	cesto (m)	['sestu]

BELANGRIJKSTE WERKWOORDEN

13. De belangrijkste werkwoorden. Deel 1

aanbevelen (ww)	recomendar (vt)	[hekomě'dar]
aandringen (ww)	insistir (vi)	[ĩsis'tʃir]
aankomen (per auto, enz.)	chegar (vi)	[ʃe'gar]
aanraken (ww)	tocar (vt)	[to'kar]
adviseren (ww)	aconselhar (vt)	[akõse'ʎar]
afdalen (on.ww.)	descer (vi)	[de'ser]
afslaan (naar rechts ~)	virar (vi)	[vi'rar]
antwoorden (ww)	responder (vt)	[hespõ'der]
bang zijn (ww)	ter medo	[ter 'medu]
bedreigen (bijv. met een pistool)	ameaçar (vt)	[amea'sar]
bedriegen (ww)	enganar (vt)	[ěga'nar]
beëindigen (ww)	acabar, terminar (vt)	[aka'bar], [termi'nar]
beginnen (ww)	começar (vt)	[kome'sar]
begrijpen (ww)	entender (vt)	[ětě'der]
beheren (managen)	dirigir (vt)	[dʒiri'ʒir]
beledigen (met scheldwoorden)	insultar (vt)	[ĩsuw'tar]
beloven (ww)	prometer (vt)	[prome'ter]
bereiden (koken)	preparar (vt)	[prepa'rar]
bespreken (spreken over)	discutir (vt)	[dʒisku'tʃir]
bestellen (eten ~)	pedir (vt)	[pe'dʒir]
bestraffen (een stout kind ~)	punir (vt)	[pu'nir]
betalen (ww)	pagar (vt)	[pa'gar]
betekenen (beduiden)	significar (vt)	[signifi'kar]
betreuren (ww)	arrepender-se (vr)	[ahepě'dersi]
bevallen (prettig vinden)	gostar (vt)	[gos'tar]
bevelen (mil.)	ordenar (vt)	[orde'nar]
bevrijden (stad, enz.)	libertar, liberar (vt)	[liber'tar], [libe'rar]
bewaren (ww)	guardar (vt)	[gwar'dar]
bezitten (ww)	possuir (vt)	[po'swir]
bidden (praten met God)	rezar, orar (vi)	[he'zar], [o'rar]
binnengaan (een kamer ~)	entrar (vi)	[ě'trar]
breken (ww)	quebrar (vt)	[ke'brar]
controleren (ww)	controlar (vt)	[kõtro'lar]
creëren (ww)	criar (vt)	[krjar]
deelnemen (ww)	participar (vi)	[partʃisi'par]
denken (ww)	pensar (vi, vt)	[pě'sar]
doden (ww)	matar (vt)	[ma'tar]

doen (ww)	fazer (vt)	[fa'zer]
dorst hebben (ww)	ter sede	[ter 'sedʒi]

14. De belangrijkste werkwoorden. Deel 2

een hint geven	dar uma dica	[dar 'uma 'dʒika]
eisen (met klem vragen)	exigir (vt)	[ezi'ʒir]
excuseren (vergeven)	desculpar (vt)	[dʒiskuw'par]
existeren (bestaan)	existir (vi)	[ezis'tʃir]
gaan (te voet)	ir (vi)	[ir]

gaan zitten (ww)	sentar-se (vr)	[sẽ'tarsi]
gaan zwemmen	ir nadar	[ir na'dar]
geven (ww)	dar (vt)	[dar]
glimlachen (ww)	sorrir (vi)	[so'hir]
goed raden (ww)	adivinhar (vt)	[adʒivi'ɲar]

grappen maken (ww)	brincar (vi)	[brĩ'kar]
graven (ww)	cavar (vt)	[ka'var]
hebben (ww)	ter (vt)	[ter]
helpen (ww)	ajudar (vt)	[aʒu'dar]
herhalen (opnieuw zeggen)	repetir (vt)	[hepe'tʃir]
honger hebben (ww)	ter fome	[ter 'fɔmi]

hopen (ww)	esperar (vi, vt)	[ispe'rar]
horen	ouvir (vt)	[o'vir]
(waarnemen met het oor)		
huilen (wenen)	chorar (vi)	[ʃo'rar]
huren (huis, kamer)	alugar (vt)	[alu'gar]
informeren (informatie geven)	informar (vt)	[ĩfor'mar]
instemmen (akkoord gaan)	concordar (vi)	[kõkor'dar]
jagen (ww)	caçar (vi)	[ka'sar]
kennen (kennis hebben	conhecer (vt)	[koɲe'ser]
van iemand)		
kiezen (ww)	escolher (vt)	[isko'ʎer]
klagen (ww)	queixar-se (vr)	[kej'ʃarsi]

kosten (ww)	custar (vt)	[kus'tar]
kunnen (ww)	poder (vi)	[po'der]
lachen (ww)	rir (vi)	[hir]
laten vallen (ww)	deixar cair (vt)	[dej'ʃar ka'ir]
lezen (ww)	ler (vt)	[ler]

liefhebben (ww)	amar (vt)	[a'mar]
lunchen (ww)	almoçar (vi)	[awmo'sar]
nemen (ww)	pegar (vt)	[pe'gar]
nodig zijn (ww)	ser necessário	[ser nese'sarju]

15. De belangrijkste werkwoorden. Deel 3

onderschatten (ww)	subestimar (vt)	[subestʃi'mar]
ondertekenen (ww)	assinar (vt)	[asi'nar]

ontbijten (ww)	tomar café da manhã	[to'mar ka'fɛ da ma'ɲã]
openen (ww)	abrir (vt)	[a'brir]
ophouden (ww)	cessar (vt)	[se'sar]
opmerken (zien)	perceber (vt)	[perse'ber]

opscheppen (ww)	gabar-se (vr)	[ga'barsi]
opschrijven (ww)	anotar (vt)	[ano'tar]
plannen (ww)	planejar (vt)	[plane'ʒar]
prefereren (verkiezen)	preferir (vt)	[prefe'rir]
proberen (trachten)	tentar (vt)	[tẽ'tar]
redden (ww)	salvar (vt)	[saw'var]

rekenen op …	contar com …	[kõ'tar kõ]
rennen (ww)	correr (vi)	[ko'her]
reserveren (een hotelkamer ~)	reservar (vt)	[hezer'var]
roepen (om hulp)	chamar (vt)	[ʃa'mar]
schieten (ww)	disparar, atirar (vi)	[dʒispa'rar], [atʃi'rar]
schreeuwen (ww)	gritar (vi)	[gri'tar]

schrijven (ww)	escrever (vt)	[iskre'ver]
souperen (ww)	jantar (vi)	[ʒã'tar]
spelen (kinderen)	brincar, jogar (vi, vt)	[brĩ'kar], [ʒo'gar]
spreken (ww)	falar (vi)	[fa'lar]
stelen (ww)	roubar (vt)	[ho'bar]
stoppen (pauzeren)	parar (vi)	[pa'rar]

studeren (Nederlands ~)	estudar (vt)	[istu'dar]
sturen (zenden)	enviar (vt)	[ẽ'vjar]
tellen (optellen)	contar (vt)	[kõ'tar]
toebehoren aan …	pertencer (vt)	[pertẽ'ser]
toestaan (ww)	permitir (vt)	[permi'tʃir]
tonen (ww)	mostrar (vt)	[mos'trar]

twijfelen (onzeker zijn)	duvidar (vt)	[duvi'dar]
uitgaan (ww)	sair (vi)	[sa'ir]
uitnodigen (ww)	convidar (vt)	[kõvi'dar]
uitspreken (ww)	pronunciar (vt)	[pronũ'sjar]
uitvaren tegen (ww)	ralhar, repreender (vt)	[ha'ʎar], [heprjẽ'der]

16. De belangrijkste werkwoorden. Deel 4

vallen (ww)	cair (vi)	[ka'ir]
vangen (ww)	pegar (vt)	[pe'gar]
veranderen (anders maken)	mudar (vt)	[mu'dar]
verbaasd zijn (ww)	surpreender-se (vr)	[surprjẽ'dersi]
verbergen (ww)	esconder (vt)	[iskõ'der]

verdedigen (je land ~)	defender (vt)	[defẽ'der]
verenigen (ww)	unir (vt)	[u'nir]
vergelijken (ww)	comparar (vt)	[kõpa'rar]
vergeten (ww)	esquecer (vt)	[iske'ser]
vergeven (ww)	perdoar (vt)	[per'dwar]
verklaren (uitleggen)	explicar (vt)	[ispli'kar]

verkopen (per stuk ~)	**vender** (vt)	[vẽ'der]
vermelden (praten over)	**mencionar** (vt)	[mẽsjo'nar]
versieren (decoreren)	**decorar** (vt)	[deko'rar]
vertalen (ww)	**traduzir** (vt)	[tradu'zir]

vertrouwen (ww)	**confiar** (vt)	[kõ'fjar]
vervolgen (ww)	**continuar** (vt)	[kõtʃi'nwar]
verwarren (met elkaar ~)	**confundir** (vt)	[kõfũ'dʒir]
verzoeken (ww)	**pedir** (vt)	[pe'dʒir]
verzuimen (school, enz.)	**faltar a** ...	[faw'tar a]

vinden (ww)	**encontrar** (vt)	[ẽkõ'trar]
vliegen (ww)	**voar** (vi)	[vo'ar]
volgen (ww)	**seguir** ...	[se'gir]
voorstellen (ww)	**propor** (vt)	[pro'por]
voorzien (verwachten)	**prever** (vt)	[pre'ver]
vragen (ww)	**perguntar** (vt)	[pergũ'tar]

waarnemen (ww)	**observar** (vt)	[obser'var]
waarschuwen (ww)	**advertir** (vt)	[adʒiver'tʃir]
wachten (ww)	**esperar** (vt)	[ispe'rar]
weerspreken (ww)	**objetar** (vt)	[obʒe'tar]
weigeren (ww)	**negar-se** (vt)	[ne'garsi]

werken (ww)	**trabalhar** (vi)	[traba'ʎar]
weten (ww)	**saber** (vt)	[sa'ber]
willen (verlangen)	**querer** (vt)	[ke'rer]
zeggen (ww)	**dizer** (vt)	[dʒi'zer]
zich haasten (ww)	**apressar-se** (vr)	[apre'sarsi]

zich interesseren voor ...	**interessar-se** (vr)	[ĩtere'sarsi]
zich vergissen (ww)	**errar** (vi)	[e'har]
zich verontschuldigen	**desculpar-se** (vr)	[dʒiskuw'parsi]
zien (ww)	**ver** (vt)	[ver]

zoeken (ww)	**buscar** (vt)	[bus'kar]
zwemmen (ww)	**nadar** (vi)	[na'dar]
zwijgen (ww)	**ficar em silêncio**	[fi'kar ẽ si'lẽsju]

TIJD. KALENDER

17. Dagen van de week

maandag (de)	segunda-feira (f)	[se'gŭda-'fejra]
dinsdag (de)	terça-feira (f)	['tersa 'fejra]
woensdag (de)	quarta-feira (f)	['kwarta-'fejra]
donderdag (de)	quinta-feira (f)	['kĭta-'fejra]
vrijdag (de)	sexta-feira (f)	['sesta-'fejra]
zaterdag (de)	sábado (m)	['sabadu]
zondag (de)	domingo (m)	[do'mĩgu]
vandaag (bw)	hoje	['oʒi]
morgen (bw)	amanhã	[ama'ɲã]
overmorgen (bw)	depois de amanhã	[de'pojs de ama'ɲã]
gisteren (bw)	ontem	['õtẽ]
eergisteren (bw)	anteontem	[ãtʃi'õtẽ]
dag (de)	dia (m)	['dʒia]
werkdag (de)	dia (m) de trabalho	['dʒia de tra'baʎu]
feestdag (de)	feriado (m)	[fe'rjadu]
verlofdag (de)	dia (m) de folga	['dʒia de 'fɔwga]
weekend (het)	fim (m) de semana	[fĩ de se'mana]
de hele dag (bw)	o dia todo	[u 'dʒia 'todu]
de volgende dag (bw)	no dia seguinte	[nu 'dʒia se'gĩtʃi]
twee dagen geleden	há dois dias	[a 'dojs 'dʒias]
aan de vooravond (bw)	na véspera	[na 'vɛspera]
dag-, dagelijks (bn)	diário	['dʒjarju]
elke dag (bw)	todos os dias	['todus us 'dʒias]
week (de)	semana (f)	[se'mana]
vorige week (bw)	na semana passada	[na se'mana pa'sada]
volgende week (bw)	semana que vem	[se'mana ke vẽj]
wekelijks (bn)	semanal	[sema'naw]
elke week (bw)	toda semana	['tɔda se'mana]
twee keer per week	duas vezes por semana	['duas 'vezis por se'mana]
elke dinsdag	toda terça-feira	['tɔda tersa 'fejra]

18. Uren. Dag en nacht

morgen (de)	manhã (f)	[ma'ɲã]
's morgens (bw)	de manhã	[de ma'ɲã]
middag (de)	meio-dia (m)	['meju 'dʒia]
's middags (bw)	à tarde	[a 'tardʒi]
avond (de)	tardinha (f)	[tar'dʒiɲa]
's avonds (bw)	à tardinha	[a tar'dʒiɲa]

nacht (de)	noite (f)	['nojtʃi]
's nachts (bw)	à noite	[a 'nojtʃi]
middernacht (de)	meia-noite (f)	['meja 'nojtʃi]

seconde (de)	segundo (m)	[se'gũdu]
minuut (de)	minuto (m)	[mi'nutu]
uur (het)	hora (f)	['ɔra]
halfuur (het)	meia hora (f)	['meja 'ɔra]
kwartier (het)	quarto (m) de hora	['kwartu de 'ɔra]
vijftien minuten	quinze minutos	['kĩzi mi'nutus]
etmaal (het)	vinte e quatro horas	['vĩtʃi i 'kwatru 'ɔras]

zonsopgang (de)	nascer (m) do sol	[na'ser du sɔw]
dageraad (de)	amanhecer (m)	[amaɲe'ser]
vroege morgen (de)	madrugada (f)	[madru'gada]
zonsondergang (de)	pôr-do-sol (m)	[por du 'sɔw]

's morgens vroeg (bw)	de madrugada	[de madru'gada]
vanmorgen (bw)	esta manhã	['ɛsta ma'ɲã]
morgenochtend (bw)	amanhã de manhã	[ama'ɲã de ma'ɲã]

vanmiddag (bw)	esta tarde	['ɛsta 'tardʒi]
's middags (bw)	à tarde	[a 'tardʒi]
morgenmiddag (bw)	amanhã à tarde	[ama'ɲã a 'tardʒi]

vanavond (bw)	esta noite, hoje à noite	['ɛsta 'nojtʃi], ['oʒi a 'nojtʃi]
morgenavond (bw)	amanhã à noite	[ama'ɲã a 'nojtʃi]

klokslag drie uur	às três horas em ponto	[as tres 'ɔras ẽ 'põtu]
ongeveer vier uur	por volta das quatro	[por 'vɔwta das 'kwatru]
tegen twaalf uur	às doze	[as 'dozi]

over twintig minuten	em vinte minutos	[ẽ 'vĩtʃi mi'nutus]
over een uur	em uma hora	[ẽ 'uma 'ɔra]
op tijd (bw)	a tempo	[a 'tẽpu]

kwart voor …	… um quarto para	[… ũ 'kwartu 'para]
binnen een uur	dentro de uma hora	['dẽtru de 'uma 'ɔra]
elk kwartier	a cada quinze minutos	[a 'kada 'kĩzi mi'nutus]
de klok rond	as vinte e quatro horas	[as 'vĩtʃi i 'kwatru 'ɔras]

19. Maanden. Seizoenen

januari (de)	janeiro (m)	[ʒa'nejru]
februari (de)	fevereiro (m)	[feve'rejru]
maart (de)	março (m)	['marsu]
april (de)	abril (m)	[a'briw]
mei (de)	maio (m)	['maju]
juni (de)	junho (m)	['ʒuɲu]

juli (de)	julho (m)	['ʒuʎu]
augustus (de)	agosto (m)	[a'gostu]
september (de)	setembro (m)	[se'tẽbru]
oktober (de)	outubro (m)	[o'tubru]

november (de)	novembro (m)	[no'vẽbru]
december (de)	dezembro (m)	[de'zẽbru]
lente (de)	primavera (f)	[prima'vɛra]
in de lente (bw)	na primavera	[na prima'vɛra]
lente- (abn)	primaveril	[primave'riw]
zomer (de)	verão (m)	[ve'rãw]
in de zomer (bw)	no verão	[nu ve'rãw]
zomer-, zomers (bn)	de verão	[de ve'rãw]
herfst (de)	outono (m)	[o'tɔnu]
in de herfst (bw)	no outono	[nu o'tɔnu]
herfst- (abn)	outonal	[oto'naw]
winter (de)	inverno (m)	[ĩ'vɛrnu]
in de winter (bw)	no inverno	[nu ĩ'vɛrnu]
winter- (abn)	de inverno	[de ĩ'vɛrnu]
maand (de)	mês (m)	[mes]
deze maand (bw)	este mês	['estʃi mes]
volgende maand (bw)	mês que vem	['mes ki vẽj]
vorige maand (bw)	no mês passado	[no mes pa'sadu]
een maand geleden (bw)	um mês atrás	[ũ 'mes a'trajs]
over een maand (bw)	em um mês	[ẽ ũ mes]
over twee maanden (bw)	em dois meses	[ẽ dojs 'mezis]
de hele maand (bw)	todo o mês	['todu u mes]
een volle maand (bw)	um mês inteiro	[ũ mes ĩ'tejru]
maand-, maandelijks (bn)	mensal	[mẽ'saw]
maandelijks (bw)	mensalmente	[mẽsaw'mẽtʃi]
elke maand (bw)	todo mês	['todu 'mes]
twee keer per maand	duas vezes por mês	['duas 'vezis por mes]
jaar (het)	ano (m)	['anu]
dit jaar (bw)	este ano	['estʃi 'anu]
volgend jaar (bw)	ano que vem	['anu ki vẽj]
vorig jaar (bw)	no ano passado	[nu 'anu pa'sadu]
een jaar geleden (bw)	há um ano	[a ũ 'anu]
over een jaar	em um ano	[ẽ ũ 'anu]
over twee jaar	dentro de dois anos	['dẽtru de 'dojs 'anus]
het hele jaar	todo o ano	['todu u 'anu]
een vol jaar	um ano inteiro	[ũ 'anu ĩ'tejru]
elk jaar	cada ano	['kada 'anu]
jaar-, jaarlijks (bn)	anual	[a'nwaw]
jaarlijks (bw)	anualmente	[anwaw'mẽte]
4 keer per jaar	quatro vezes por ano	['kwatru 'vezis por 'anu]
datum (de)	data (f)	['data]
datum (de)	data (f)	['data]
kalender (de)	calendário (m)	[kalẽ'darju]
een half jaar	meio ano	['meju 'anu]
zes maanden	seis meses	[sejs 'mezis]

seizoen (bijv. lente, zomer)	estação (f)	[ista'sãw]
eeuw (de)	século (m)	['sɛkulu]

REIZEN. HOTEL

20. Trip. Reizen

toerisme (het)	turismo (m)	[tu'rizmu]
toerist (de)	turista (m)	[tu'rista]
reis (de)	viagem (f)	['vjaʒẽ]
avontuur (het)	aventura (f)	[avẽ'tura]
tocht (de)	viagem (f)	['vjaʒẽ]
vakantie (de)	férias (f pl)	['fɛrjas]
met vakantie zijn	estar de férias	[is'tar de 'fɛrjas]
rust (de)	descanso (m)	[dʒis'kãsu]
trein (de)	trem (m)	[trẽj]
met de trein	de trem	[de trẽj]
vliegtuig (het)	avião (m)	[a'vjãw]
met het vliegtuig	de avião	[de a'vjãw]
met de auto	de carro	[de 'kaho]
per schip (bw)	de navio	[de na'viu]
bagage (de)	bagagem (f)	[ba'gaʒẽ]
valies (de)	mala (f)	['mala]
bagagekarretje (het)	carrinho (m)	[ka'hiɲu]
paspoort (het)	passaporte (m)	[pasa'pɔrtʃi]
visum (het)	visto (m)	['vistu]
kaartje (het)	passagem (f)	[pa'saʒẽ]
vliegticket (het)	passagem (f) aérea	[pa'saʒẽ a'erja]
reisgids (de)	guia (m) de viagem	['gia de vi'aʒẽ]
kaart (de)	mapa (m)	['mapa]
gebied (landelijk ~)	área (f)	['arja]
plaats (de)	lugar (m)	[lu'gar]
exotische bestemming (de)	exotismo (m)	[ezo'tʃizmu]
exotisch (bn)	exótico	[e'zɔtʃiku]
verwonderlijk (bn)	surpreendente	[surprjẽ'dẽtʃi]
groep (de)	grupo (m)	['grupu]
rondleiding (de)	excursão (f)	[iskur'sãw]
gids (de)	guia (m)	['gia]

21. Hotel

hotel (het)	hotel (m)	[o'tɛw]
motel (het)	motel (m)	[mo'tɛw]
3-sterren	três estrelas	['tres is'trelas]

| 5-sterren | cinco estrelas | ['sĩku is'trelas] |
| overnachten (ww) | ficar (vi, vt) | [fi'kar] |

kamer (de)	quarto (m)	['kwartu]
eenpersoonskamer (de)	quarto (m) individual	['kwartu ĩdʒivi'dwaw]
tweepersoonskamer (de)	quarto (m) duplo	['kwartu 'duplu]
een kamer reserveren	reservar um quarto	[hezer'var ũ 'kwartu]

| halfpension (het) | meia pensão (f) | ['meja pẽ'sãw] |
| volpension (het) | pensão (f) completa | [pẽ'sãw kõ'plɛta] |

met badkamer	com banheira	[kõ ba'ɲejra]
met douche	com chuveiro	[kõ ʃu'vejru]
satelliet-tv (de)	televisão (m) por satélite	[televi'zãw por sa'tɛlitʃi]
airconditioner (de)	ar (m) condicionado	[ar kõdʒisjo'nadu]
handdoek (de)	toalha (f)	[to'aʎa]
sleutel (de)	chave (f)	['ʃavi]

administrateur (de)	administrador (m)	[adʒiministra'dor]
kamermeisje (het)	camareira (f)	[kama'rejra]
piccolo (de)	bagageiro (m)	[baga'ʒejru]
portier (de)	porteiro (m)	[por'tejru]

restaurant (het)	restaurante (m)	[hestaw'rãtʃi]
bar (de)	bar (m)	[bar]
ontbijt (het)	café (m) da manhã	[ka'fɛ da ma'ɲã]
avondeten (het)	jantar (m)	[ʒã'tar]
buffet (het)	bufê (m)	[bu'fe]

| hal (de) | saguão (m) | [sa'gwãw] |
| lift (de) | elevador (m) | [eleva'dor] |

| NIET STOREN | NÃO PERTURBE | ['nãw per'turbi] |
| VERBODEN TE ROKEN! | PROIBIDO FUMAR! | [proi'bidu fu'mar] |

22. Bezienswaardigheden

monument (het)	monumento (m)	[monu'mẽtu]
vesting (de)	fortaleza (f)	[forta'leza]
paleis (het)	palácio (m)	[pa'lasju]
kasteel (het)	castelo (m)	[kas'tɛlu]
toren (de)	torre (f)	['tohi]
mausoleum (het)	mausoléu (m)	[mawzo'lɛw]

architectuur (de)	arquitetura (f)	[arkite'tura]
middeleeuws (bn)	medieval	[medʒje'vaw]
oud (bn)	antigo	[ã'tʃigu]
nationaal (bn)	nacional	[nasjo'naw]
bekend (bn)	famoso	[fa'mozu]

toerist (de)	turista (m)	[tu'rista]
gids (de)	guia (m)	['gia]
rondleiding (de)	excursão (f)	[iskur'sãw]
tonen (ww)	mostrar (vt)	[mos'trar]

vertellen (ww)	contar (vt)	[kõ'tar]
vinden (ww)	encontrar (vt)	[ẽkõ'trar]
verdwalen (de weg kwijt zijn)	perder-se (vr)	[per'dersi]
plattegrond (~ van de metro)	mapa (m)	['mapa]
plattegrond (~ van de stad)	mapa (m)	['mapa]

souvenir (het)	lembrança (f), presente (m)	[lẽ'brãsa], [pre'zẽtʃi]
souvenirwinkel (de)	loja (f) de presentes	['lɔʒa de pre'zẽtʃis]
foto's maken	tirar fotos	[tʃi'rar 'fotus]
zich laten fotograferen	fotografar-se (vr)	[fotogra'farse]

VERVOER

23. Vliegveld

luchthaven (de)	aeroporto (m)	[aero'portu]
vliegtuig (het)	avião (m)	[a'vjãw]
luchtvaartmaatschappij (de)	companhia (f) aérea	[kõpa'ɲia a'erja]
luchtverkeersleider (de)	controlador (m) de tráfego aéreo	[kõtrola'dor de 'trafegu a'erju]
vertrek (het)	partida (f)	[par'tʃida]
aankomst (de)	chegada (f)	[ʃe'gada]
aankomen (per vliegtuig)	chegar (vi)	[ʃe'gar]
vertrektijd (de)	hora (f) de partida	['ɔra de par'tʃida]
aankomstuur (het)	hora (f) de chegada	['ɔra de ʃe'gada]
vertraagd zijn (ww)	estar atrasado	[is'tar atra'zadu]
vluchtvertraging (de)	atraso (m) de voo	[a'trazu de 'vou]
informatiebord (het)	painel (m) de informação	[paj'nɛw de ĩforma'sãw]
informatie (de)	informação (f)	[ĩforma'sãw]
aankondigen (ww)	anunciar (vt)	[anũ'sjar]
vlucht (bijv. KLM ~)	voo (m)	['vou]
douane (de)	alfândega (f)	[aw'fãdʒiga]
douanier (de)	funcionário (m) da alfândega	[fũsjo'narju da aw'fãdʒiga]
douaneaangifte (de)	declaração (f) alfandegária	[deklara'sãw awfãde'garja]
invullen (douaneaangifte ~)	preencher (vt)	[preē'ʃer]
een douaneaangifte invullen	preencher a declaração	[preē'ʃer a deklara'sãw]
paspoortcontrole (de)	controle (m) de passaporte	[kõ'troli de pasa'pɔrtʃi]
bagage (de)	bagagem (f)	[ba'gaʒē]
handbagage (de)	bagagem (f) de mão	[ba'gaʒē de 'mãw]
bagagekarretje (het)	carrinho (m)	[ka'hiɲu]
landing (de)	pouso (m)	['pozu]
landingsbaan (de)	pista (f) de pouso	['pista de 'pozu]
landen (ww)	aterrissar (vi)	[atehi'sar]
vliegtuigtrap (de)	escada (f) de avião	[is'kada de a'vjãw]
inchecken (het)	check-in (m)	[ʃɛ'kin]
incheckbalie (de)	balcão (m) do check-in	[baw'kãw du ʃɛ'kin]
inchecken (ww)	fazer o check-in	[fa'zer u ʃɛ'kin]
instapkaart (de)	cartão (m) de embarque	[kar'tãw de ē'barki]
gate (de)	portão (m) de embarque	[por'tãw de ē'barki]
transit (de)	trânsito (m)	['trãzitu]
wachten (ww)	esperar (vt)	[ispe'rar]

wachtzaal (de)	sala (f) de espera	['sala de is'pɛra]
begeleiden (uitwuiven)	despedir-se de ...	[dʒispe'dʒirsi de]
afscheid nemen (ww)	despedir-se (vr)	[dʒispe'dʒirsi]

24. Vliegtuig

vliegtuig (het)	avião (m)	[a'vjãw]
vliegticket (het)	passagem (f) aérea	[pa'saʒẽ a'erja]
luchtvaartmaatschappij (de)	companhia (f) aérea	[kõpa'ɲia a'erja]
luchthaven (de)	aeroporto (m)	[aero'portu]
supersonisch (bn)	supersônico	[super'soniku]

gezagvoerder (de)	comandante (m) do avião	[komã'dãtʃi du a'vjãw]
bemanning (de)	tripulação (f)	[tripula'sãw]
piloot (de)	piloto (m)	[pi'lotu]
stewardess (de)	aeromoça (f)	[aero'mosa]
stuurman (de)	copiloto (m)	[kopi'lotu]

vleugels (mv.)	asas (f pl)	['azas]
staart (de)	cauda (f)	['kawda]
cabine (de)	cabine (f)	[ka'bini]
motor (de)	motor (m)	[mo'tor]
landingsgestel (het)	trem (m) de pouso	[trẽj de 'pozu]
turbine (de)	turbina (f)	[tur'bina]

| propeller (de) | hélice (f) | ['ɛlisi] |
| zwarte doos (de) | caixa-preta (f) | ['kaɪʃa 'preta] |

| stuur (het) | coluna (f) de controle | [ko'luna de kõ'troli] |
| brandstof (de) | combustível (m) | [kõbus'tʃivew] |

veiligheidskaart (de)	instruções (f pl) de segurança	[ĩstru'sõjs de segu'rãsa]
zuurstofmasker (het)	máscara (f) de oxigênio	['maskara de oksi'ʒenju]
uniform (het)	uniforme (m)	[uni'fɔrmi]

| reddingsvest (de) | colete (m) salva-vidas | [ko'letʃi 'sawva 'vidas] |
| parachute (de) | paraquedas (m) | [para'kɛdas] |

opstijgen (het)	decolagem (f)	[deko'laʒẽ]
opstijgen (ww)	descolar (vi)	[dʒisko'lar]
startbaan (de)	pista (f) de decolagem	['pista de deko'laʒẽ]

| zicht (het) | visibilidade (f) | [vizibili'dadʒi] |
| vlucht (de) | voo (m) | ['vou] |

| hoogte (de) | altura (f) | [aw'tura] |
| luchtzak (de) | poço (m) de ar | ['posu de 'ar] |

plaats (de)	assento (m)	[a'sẽtu]
koptelefoon (de)	fone (m) de ouvido	['foni de o'vidu]
tafeltje (het)	mesa (f) retrátil	['meza he'tratʃiw]
venster (het)	janela (f)	[ʒa'nɛla]
gangpad (het)	corredor (m)	[kohe'dor]

25. Trein

trein (de)	trem (m)	[trẽj]
elektrische trein (de)	trem (m) elétrico	[trẽj e'lɛtriku]
sneltrein (de)	trem (m)	[trẽj]
diesellocomotief (de)	locomotiva (f) diesel	[lokomo'tʃiva 'dʒizew]
stoomlocomotief (de)	locomotiva (f) a vapor	[lokomo'tʃiva a va'por]
rijtuig (het)	vagão (f) de passageiros	[va'gãw de pasa'ʒejrus]
restauratierijtuig (het)	vagão-restaurante (m)	[va'gãw-hestaw'rãtʃi]
rails (mv.)	carris (m pl)	[ka'his]
spoorweg (de)	estrada (f) de ferro	[is'trada de 'fɛhu]
dwarsligger (de)	travessa (f)	[tra'vɛsa]
perron (het)	plataforma (f)	[plata'fɔrma]
spoor (het)	linha (f)	['liɲa]
semafoor (de)	semáforo (m)	[se'maforu]
halte (bijv. kleine treinhalte)	estação (f)	[ista'sãw]
machinist (de)	maquinista (m)	[maki'nista]
kruier (de)	bagageiro (m)	[baga'ʒejru]
conducteur (de)	hospedeiro, -a (m, f)	[ospe'dejru, -a]
passagier (de)	passageiro (m)	[pasa'ʒejru]
controleur (de)	revisor (m)	[hevi'zor]
gang (in een trein)	corredor (m)	[kohe'dor]
noodrem (de)	freio (m) de emergência	['freju de imer'ʒẽsja]
coupé (de)	compartimento (m)	[kõpartʃi'mẽtu]
bed (slaapplaats)	cama (f)	['kama]
bovenste bed (het)	cama (f) de cima	['kama de 'sima]
onderste bed (het)	cama (f) de baixo	['kama de 'baɪʃu]
beddengoed (het)	roupa (f) de cama	['hopa de 'kama]
kaartje (het)	passagem (f)	[pa'saʒẽ]
dienstregeling (de)	horário (m)	[o'rarju]
informatiebord (het)	painel (m) de informação	[paj'nɛw de ĩforma'sãw]
vertrekken	partir (vt)	[par'tʃir]
(De trein vertrekt ...)		
vertrek (ov. een trein)	partida (f)	[par'tʃida]
aankomen (ov. de treinen)	chegar (vi)	[ʃe'gar]
aankomst (de)	chegada (f)	[ʃe'gada]
aankomen per trein	chegar de trem	[ʃe'gar de trẽj]
in de trein stappen	pegar o trem	[pe'gar u trẽj]
uit de trein stappen	descer de trem	[de'ser de trẽj]
treinwrak (het)	acidente (m) ferroviário	[asi'dẽtʃi feho'vjarju]
ontspoord zijn	descarrilar (vi)	[dʒiskahi'ʎar]
stoomlocomotief (de)	locomotiva (f) a vapor	[lokomo'tʃiva a va'por]
stoker (de)	foguista (m)	[fo'gista]
stookplaats (de)	fornalha (f)	[for'naʎa]
steenkool (de)	carvão (m)	[kar'vãw]

26. Schip

schip (het)	navio (m)	[na'viu]
vaartuig (het)	embarcação (f)	[ēbarka'sãw]
stoomboot (de)	barco (m) a vapor	['barku a va'por]
motorschip (het)	barco (m) fluvial	['barku flu'vjaw]
lijnschip (het)	transatlântico (m)	[trăzat'lătʃiku]
kruiser (de)	cruzeiro (m)	[kru'zejru]
jacht (het)	iate (m)	['jatʃi]
sleepboot (de)	rebocador (m)	[heboka'dor]
duwbak (de)	barcaça (f)	[bar'kasa]
ferryboot (de)	ferry (m), balsa (f)	['fɛʀi], ['balsa]
zeilboot (de)	veleiro (m)	[ve'lejru]
brigantijn (de)	bergantim (m)	[behgã'tʃĩ]
ijsbreker (de)	quebra-gelo (m)	['kɛbra 'ʒelu]
duikboot (de)	submarino (m)	[subma'rinu]
boot (de)	bote, barco (m)	['botʃi], ['barku]
sloep (de)	baleeira (f)	[bale'ejra]
reddingssloep (de)	bote (m) salva-vidas	['botʃi 'sawva 'vidas]
motorboot (de)	lancha (f)	['lãʃa]
kapitein (de)	capitão (m)	[kapi'tãw]
zeeman (de)	marinheiro (m)	[mari'ɲejru]
matroos (de)	marujo (m)	[ma'ruʒu]
bemanning (de)	tripulação (f)	[tripula'sãw]
bootsman (de)	contramestre (m)	[kõtra'mɛstri]
scheepsjongen (de)	grumete (m)	[gru'mɛtʃi]
kok (de)	cozinheiro (m) de bordo	[kozi'ɲejru de 'bordu]
scheepsarts (de)	médico (m) de bordo	['mɛdʒiku de 'bordu]
dek (het)	convés (m)	[kõ'vɛs]
mast (de)	mastro (m)	['mastru]
zeil (het)	vela (f)	['vɛla]
ruim (het)	porão (m)	[po'rãw]
voorsteven (de)	proa (f)	['proa]
achtersteven (de)	popa (f)	['popa]
roeispaan (de)	remo (m)	['hɛmu]
schroef (de)	hélice (f)	['ɛlisi]
kajuit (de)	cabine (m)	[ka'bini]
officierskamer (de)	sala (f) dos oficiais	['sala dus ofi'sjajs]
machinekamer (de)	sala (f) das máquinas	['sala das 'makinas]
brug (de)	ponte (m) de comando	['põtʃi de ko'mãdu]
radiokamer (de)	sala (f) de comunicações	['sala de komunika'sõjs]
radiogolf (de)	onda (f)	['õda]
logboek (het)	diário (m) de bordo	['dʒjarju de 'bordu]
verrekijker (de)	luneta (f)	[lu'neta]
klok (de)	sino (m)	['sinu]

vlag (de)	bandeira (f)	[bã'dejra]
kabel (de)	cabo (m)	['kabu]
knoop (de)	nó (m)	[nɔ]

| leuning (de) | corrimão (m) | [kohi'mãw] |
| trap (de) | prancha (f) de embarque | ['prãʃa de ẽ'barki] |

anker (het)	âncora (f)	['ãkora]
het anker lichten	recolher a âncora	[heko'ʎer a 'ãkora]
het anker neerlaten	jogar a âncora	[ʒo'gar a 'ãkora]
ankerketting (de)	amarra (f)	[a'maha]

haven (bijv. containerhaven)	porto (m)	['portu]
kaai (de)	cais, amarradouro (m)	[kajs], [amaha'doru]
aanleggen (ww)	atracar (vi)	[atra'kar]
wegvaren (ww)	desatracar (vi)	[dʒizatra'kar]

reis (de)	viagem (f)	['vjaʒẽ]
cruise (de)	cruzeiro (m)	[kru'zejru]
koers (de)	rumo (m)	['humu]
route (de)	itinerário (m)	[itʃine'rarju]

vaarwater (het)	canal (m) de navegação	[ka'naw de navega'sãw]
zandbank (de)	banco (m) de areia	['bãku de a'reja]
stranden (ww)	encalhar (vt)	[ẽka'ʎar]

storm (de)	tempestade (f)	[tẽpes'tadʒi]
signaal (het)	sinal (m)	[si'naw]
zinken (ov. een boot)	afundar-se (vr)	[afũ'darse]
Man overboord!	Homem ao mar!	['ɔmẽ aw mah]
SOS (noodsignaal)	SOS	[ɛseo'ɛsi]
reddingsboei (de)	boia (f) salva-vidas	['bɔja 'sawva 'vidas]

STAD

27. Stedelijk vervoer

bus, autobus (de)	ônibus (m)	['onibus]
tram (de)	bonde (m) elétrico	['bõdʒi e'lɛtriku]
trolleybus (de)	trólebus (m)	['trɔlebus]
route (de)	rota (f), itinerário (m)	['hɔta], [itʃine'rarju]
nummer (busnummer, enz.)	número (m)	['numeru]
rijden met ...	ir de ...	[ir de]
stappen (in de bus ~)	entrar no ...	[ẽ'trar nu]
afstappen (ww)	descer do ...	[de'ser du]
halte (de)	parada (f)	[pa'rada]
volgende halte (de)	próxima parada (f)	['prɔsima pa'rada]
eindpunt (het)	terminal (m)	[termi'naw]
dienstregeling (de)	horário (m)	[o'rarju]
wachten (ww)	esperar (vt)	[ispe'rar]
kaartje (het)	passagem (f)	[pa'saʒẽ]
reiskosten (de)	tarifa (f)	[ta'rifa]
kassier (de)	bilheteiro (m)	[biʎe'tejru]
kaartcontrole (de)	controle (m) de passagens	[kõ'troli de pa'saʒãjʃ]
controleur (de)	revisor (m)	[hevi'zor]
te laat zijn (ww)	atrasar-se (vr)	[atra'zarsi]
missen (de bus ~)	perder (vt)	[per'der]
zich haasten (ww)	estar com pressa	[is'tar kõ 'prɛsa]
taxi (de)	táxi (m)	['taksi]
taxichauffeur (de)	taxista (m)	[tak'sista]
met de taxi (bw)	de táxi	[de 'taksi]
taxistandplaats (de)	ponto (m) de táxis	['põtu de 'taksis]
een taxi bestellen	chamar um táxi	[ʃa'mar ũ 'taksi]
een taxi nemen	pegar um táxi	[pe'gar ũ 'taksi]
verkeer (het)	tráfego (m)	['trafegu]
file (de)	engarrafamento (m)	[ẽgahafa'mẽtu]
spitsuur (het)	horas (f pl) de pico	['ɔras de 'piku]
parkeren (on.ww.)	estacionar (vi)	[istasjo'nar]
parkeren (ov.ww.)	estacionar (vt)	[istasjo'nar]
parking (de)	parque (m) de estacionamento	['parki de istasjona'mẽtu]
metro (de)	metrô (m)	[me'tro]
halte (bijv. kleine treinhalte)	estação (f)	[ista'sãw]
de metro nemen	ir de metrô	[ir de me'tro]
trein (de)	trem (m)	[trẽj]
station (treinstation)	estação (f) de trem	[ista'sãw de trẽj]

28. Stad. Het leven in de stad

stad (de)	cidade (f)	[si'daʤi]
hoofdstad (de)	capital (f)	[kapi'taw]
dorp (het)	aldeia (f)	[aw'deja]
plattegrond (de)	mapa (m) da cidade	['mapa da si'daʤi]
centrum (ov. een stad)	centro (m) da cidade	['sẽtru da si'daʤi]
voorstad (de)	subúrbio (m)	[su'burbju]
voorstads- (abn)	suburbano	[subur'banu]
randgemeente (de)	periferia (f)	[perife'ria]
omgeving (de)	arredores (m pl)	[ahe'dɔris]
blok (huizenblok)	quarteirão (m)	[kwartej'rãw]
woonwijk (de)	quarteirão (m) residencial	[kwartej'rãw hezidẽ'sjaw]
verkeer (het)	tráfego (m)	['trafegu]
verkeerslicht (het)	semáforo (m)	[se'maforu]
openbaar vervoer (het)	transporte (m) público	[trãs'portʃi 'publiku]
kruispunt (het)	cruzamento (m)	[kruza'mẽtu]
zebrapad (oversteekplaats)	faixa (f)	['fajʃa]
onderdoorgang (de)	túnel (m)	['tunew]
oversteken (de straat ~)	cruzar, atravessar (vt)	[kru'zar], [atrave'sar]
voetganger (de)	pedestre (m)	[pe'dɛstri]
trottoir (het)	calçada (f)	[kaw'sada]
brug (de)	ponte (f)	['põtʃi]
dijk (de)	margem (f) do rio	['marʒẽ du 'hiu]
fontein (de)	fonte (f)	['fõtʃi]
allee (de)	alameda (f)	[ala'meda]
park (het)	parque (m)	['parki]
boulevard (de)	bulevar (m)	[bule'var]
plein (het)	praça (f)	['prasa]
laan (de)	avenida (f)	[ave'nida]
straat (de)	rua (f)	['hua]
zijstraat (de)	travessa (f)	[tra'vɛsa]
doodlopende straat (de)	beco (m) sem saída	['beku sẽ sa'ida]
huis (het)	casa (f)	['kaza]
gebouw (het)	edifício, prédio (m)	[edʒi'fisju], ['prɛdʒju]
wolkenkrabber (de)	arranha-céu (m)	[a'haɲa-sɛw]
gevel (de)	fachada (f)	[fa'ʃada]
dak (het)	telhado (m)	[te'ʎadu]
venster (het)	janela (f)	[ʒa'nɛla]
boog (de)	arco (m)	['arku]
pilaar (de)	coluna (f)	[ko'luna]
hoek (ov. een gebouw)	esquina (f)	[is'kina]
vitrine (de)	vitrine (f)	[vi'trini]
gevelreclame (de)	letreiro (m)	[le'trejru]
affiche (de/het)	cartaz (m)	[kar'taz]
reclameposter (de)	cartaz (m) publicitário	[kar'taz publisi'tarju]

aanplakbord (het)	painel (m) publicitário	[paj'nɛw publisi'tarju]
vuilnis (de/het)	lixo (m)	['liʃu]
vuilnisbak (de)	lixeira (f)	[li'ʃejra]
afval weggooien (ww)	jogar lixo na rua	[ʒo'gar 'liʃu na 'hua]
stortplaats (de)	aterro (m) sanitário	[a'tehu sani'tarju]

telefooncel (de)	orelhão (m)	[ore'ʎãw]
straatlicht (het)	poste (m) de luz	['postʃi de luz]
bank (de)	banco (m)	['bãku]

politieagent (de)	polícia (m)	[po'lisja]
politie (de)	polícia (f)	[po'lisja]
zwerver (de)	mendigo, pedinte (m)	[mẽ'dʒigu], [pe'dʒĩtʃi]
dakloze (de)	desabrigado (m)	[dʒizabri'gadu]

29. Stedelijke instellingen

winkel (de)	loja (f)	['lɔʒa]
apotheek (de)	drogaria (f)	[droga'ria]
optiek (de)	ótica (f)	['ɔtʃika]
winkelcentrum (het)	centro (m) comercial	['sẽtru komer'sjaw]
supermarkt (de)	supermercado (m)	[supermer'kadu]

bakkerij (de)	padaria (f)	[pada'ria]
bakker (de)	padeiro (m)	[pa'dejru]
banketbakkerij (de)	pastelaria (f)	[pastela'ria]
kruidenier (de)	mercearia (f)	[mersja'ria]
slagerij (de)	açougue (m)	[a'sogi]

groentewinkel (de)	fruteira (f)	[fru'tejra]
markt (de)	mercado (m)	[mer'kadu]

koffiehuis (het)	cafeteria (f)	[kafete'ria]
restaurant (het)	restaurante (m)	[hestaw'rãtʃi]
bar (de)	bar (m)	[bar]
pizzeria (de)	pizzaria (f)	[pitsa'ria]

kapperssalon (de/het)	salão (m) de cabeleireiro	[sa'lãw de kabelej'rejru]
postkantoor (het)	agência (f) dos correios	[a'ʒẽsja dus ko'hejus]
stomerij (de)	lavanderia (f)	[lavãde'ria]
fotostudio (de)	estúdio (m) fotográfico	[is'tudʒu foto'grafiku]

schoenwinkel (de)	sapataria (f)	[sapata'ria]
boekhandel (de)	livraria (f)	[livra'ria]
sportwinkel (de)	loja (f) de artigos esportivos	['lɔʒa de ar'tʃigus ispor'tʃivus]

kledingreparatie (de)	costureira (m)	[kostu'rejra]
kledingverhuur (de)	aluguel (m) de roupa	[alu'gɛw de 'hopa]
videotheek (de)	videolocadora (f)	['vidʒju·loka'dɔra]

circus (de/het)	circo (m)	['sirku]
dierentuin (de)	jardim (m) zoológico	[ʒar'dʒĩ zo'lɔʒiku]
bioscoop (de)	cinema (m)	[si'nɛma]
museum (het)	museu (m)	[mu'zew]

bibliotheek (de)	biblioteca (f)	[bibljo'tɛka]
theater (het)	teatro (m)	['tʃatru]
opera (de)	ópera (f)	['ɔpera]
nachtclub (de)	boate (f)	['bwatʃi]
casino (het)	cassino (m)	[ka'sinu]

moskee (de)	mesquita (f)	[mes'kita]
synagoge (de)	sinagoga (f)	[sina'gɔga]
kathedraal (de)	catedral (f)	[kate'draw]
tempel (de)	templo (m)	['tẽplu]
kerk (de)	igreja (f)	[i'greʒa]

instituut (het)	faculdade (f)	[fakuw'dadʒi]
universiteit (de)	universidade (f)	[universi'dadʒi]
school (de)	escola (f)	[is'kɔla]

gemeentehuis (het)	prefeitura (f)	[prefej'tura]
stadhuis (het)	câmara (f) municipal	['kamara munisi'paw]
hotel (het)	hotel (m)	[o'tɛw]
bank (de)	banco (m)	['bãku]

ambassade (de)	embaixada (f)	[ẽbaj'ʃada]
reisbureau (het)	agência (f) de viagens	[a'ʒẽsja de 'vjaʒẽs]
informatieloket (het)	agência (f) de informações	[a'ʒẽsja de ĩforma'sõjs]
wisselkantoor (het)	casa (f) de câmbio	['kaza de 'kãbju]

| metro (de) | metrô (m) | [me'tro] |
| ziekenhuis (het) | hospital (m) | [ospi'taw] |

| benzinestation (het) | posto (m) de gasolina | ['postu de gazo'lina] |
| parking (de) | parque (m) de estacionamento | ['parki de istasjona'mẽtu] |

30. Borden

gevelreclame (de)	letreiro (m)	[le'trejru]
opschrift (het)	aviso (m)	[a'vizu]
poster (de)	pôster (m)	['poster]
wegwijzer (de)	placa (f) de direção	['plaka]
pijl (de)	seta (f)	['sɛta]

waarschuwing (verwittiging)	aviso (m), advertência (f)	[a'vizu], [adʒiver'tẽsja]
waarschuwingsbord (het)	sinal (m) de aviso	[si'naw de a'vizu]
waarschuwen (ww)	avisar, advertir (vt)	[avi'zar], [adʒiver'tʃir]

vrije dag (de)	dia (m) de folga	['dʒia de 'fɔwga]
dienstregeling (de)	horário (m)	[o'rarju]
openingsuren (mv.)	horário (m)	[o'rarju]

WELKOM!	BEM-VINDOS!	[bẽj 'vĩdu]
INGANG	ENTRADA	[ẽ'trada]
UITGANG	SAÍDA	[sa'ida]
DUWEN	EMPURRE	[ẽ'puhe]
TREKKEN	PUXE	['puʃe]

| OPEN | ABERTO | [a'bɛrtu] |
| GESLOTEN | FECHADO | [fe'ʃadu] |

| DAMES | MULHER | [mu'ʎer] |
| HEREN | HOMEM | ['ɔmẽ] |

KORTING	DESCONTOS	[dʒis'kõtus]
UITVERKOOP	SALDOS, PROMOÇÃO	['sawdus], [promo'sãw]
NIEUW!	NOVIDADE!	[novi'dadʒi]
GRATIS	GRÁTIS	['gratʃis]

PAS OP!	ATENÇÃO!	[atẽ'sãw]
VOLGEBOEKT	NÃO HÁ VAGAS	['nãw a 'vagas]
GERESERVEERD	RESERVADO	[hezer'vadu]

ADMINISTRATIE	ADMINISTRAÇÃO	[adʒiministra'sãw]
ALLEEN VOOR	SOMENTE PESSOAL	[so'mẽtʃi pe'swaw
PERSONEEL	AUTORIZADO	awtori'zadu]

GEVAARLIJKE HOND	CUIDADO CÃO FEROZ	[kwi'dadu kãw fe'rɔz]
VERBODEN TE ROKEN!	PROIBIDO FUMAR!	[proi'bidu fu'mar]
NIET AANRAKEN!	NÃO TOCAR	['nãw to'kar]

GEVAARLIJK	PERIGOSO	[peri'gozu]
GEVAAR	PERIGO	[pe'rigu]
HOOGSPANNING	ALTA TENSÃO	['awta tẽ'sãw]
VERBODEN TE ZWEMMEN	PROIBIDO NADAR	[proi'bidu na'dar]
BUITEN GEBRUIK	COM DEFEITO	[kõ de'fejtu]

ONTVLAMBAAR	INFLAMÁVEL	[ĩfla'mavew]
VERBODEN	PROIBIDO	[proi'bidu]
DOORGANG VERBODEN	ENTRADA PROIBIDA	[ẽ'trada proi'bida]
OPGELET PAS GEVERFD	CUIDADO TINTA	[kwi'dadu 'tʃĩta
	FRESCA	'freska]

31. Winkelen

kopen (ww)	comprar (vt)	[kõ'prar]
aankoop (de)	compra (f)	['kõpra]
winkelen (ww)	fazer compras	[fa'zer 'kõpras]
winkelen (het)	compras (f pl)	['kõpras]

open zijn	estar aberta	[is'tar a'bɛrta]
(ov. een winkel, enz.)		
gesloten zijn (ww)	estar fechada	[is'tar fe'ʃada]

schoeisel (het)	calçado (m)	[kaw'sadu]
kleren (mv.)	roupa (f)	['hopa]
cosmetica (mv.)	cosméticos (m pl)	[koz'mɛtʃikus]
voedingswaren (mv.)	alimentos (m pl)	[ali'mẽtus]
geschenk (het)	presente (m)	[pre'zẽtʃi]

| verkoper (de) | vendedor (m) | [vẽde'dor] |
| verkoopster (de) | vendedora (f) | [vẽde'dora] |

kassa (de)	caixa (f)	['kaɪʃa]
spiegel (de)	espelho (m)	[is'peʎu]
toonbank (de)	balcão (m)	[baw'kãw]
paskamer (de)	provador (m)	[prɔva'dor]

aanpassen (ww)	provar (vt)	[pro'var]
passen (ov. kleren)	servir (vi)	[ser'vir]
bevallen (prettig vinden)	gostar (vt)	[gos'tar]

prijs (de)	preço (m)	['presu]
prijskaartje (het)	etiqueta (f) de preço	[etʃi'keta de 'presu]
kosten (ww)	custar (vt)	[kus'tar]
Hoeveel?	Quanto?	['kwãtu]
korting (de)	desconto (m)	[dʒis'kõtu]

niet duur (bn)	não caro	['nãw 'karu]
goedkoop (bn)	barato	[ba'ratu]
duur (bn)	caro	['karu]
Dat is duur.	É caro	[ɛ 'karu]

verhuur (de)	aluguel (m)	[alu'gɛw]
huren (smoking, enz.)	alugar (vt)	[alu'gar]
krediet (het)	crédito (m)	['krɛdʒitu]
op krediet (bw)	a crédito	[a 'krɛdʒitu]

KLEDING EN ACCESSOIRES

32. Bovenkleding. Jassen

kleren (mv.)	roupa (f)	['hopa]
bovenkleding (de)	roupa (f) exterior	['hopa iste'rjor]
winterkleding (de)	roupa (f) de inverno	['hopa de i'vɛrnu]
jas (de)	sobretudo (m)	[sobri'tudu]
bontjas (de)	casaco (m) de pele	[kaz'aku de 'pɛli]
bontjasje (het)	jaqueta (f) de pele	[ʒa'keta de 'pɛli]
donzen jas (de)	casaco (m) acolchoado	[ka'zaku akow'ʃwadu]
jasje (bijv. een leren ~)	casaco (m), jaqueta (f)	[kaz'aku], [ʒa'keta]
regenjas (de)	impermeável (m)	[ĩper'mjavew]
waterdicht (bn)	a prova d'água	[a 'prɔva 'dagwa]

33. Heren & dames kleding

overhemd (het)	camisa (f)	[ka'miza]
broek (de)	calça (f)	['kawsa]
jeans (de)	jeans (m)	['dʒins]
colbert (de)	paletó, terno (m)	[pale'tɔ], ['tɛrnu]
kostuum (het)	terno (m)	['tɛrnu]
jurk (de)	vestido (m)	[ves'tʃidu]
rok (de)	saia (f)	['saja]
blouse (de)	blusa (f)	['bluza]
wollen vest (de)	casaco (m) de malha	[ka'zaku de 'maʎa]
blazer (kort jasje)	casaco, blazer (m)	[ka'zaku], ['blejzer]
T-shirt (het)	camiseta (f)	[kami'zɛta]
shorts (mv.)	short (m)	['ʃortʃi]
trainingspak (het)	training (m)	['trejnĩŋ]
badjas (de)	roupão (m) de banho	[ho'pãw de 'baɲu]
pyjama (de)	pijama (m)	[pi'ʒama]
sweater (de)	suéter (m)	['swɛter]
pullover (de)	pulôver (m)	[pu'lover]
gilet (het)	colete (m)	[ko'letʃi]
rokkostuum (het)	fraque (m)	['fraki]
smoking (de)	smoking (m)	[iz'mokĩs]
uniform (het)	uniforme (m)	[uni'fɔrmi]
werkkleding (de)	roupa (f) de trabalho	['hopa de tra'baʎu]
overall (de)	macacão (m)	[maka'kãws]
doktersjas (de)	jaleco (m), bata (f)	[ʒa'lɛku], ['bata]

34. Kleding. Ondergoed

ondergoed (het)	roupa (f) íntima	['hopa 'ĩtʃima]
herenslip (de)	cueca boxer (f)	['kwɛka 'bɔkser]
slipjes (mv.)	calcinha (f)	[kaw'siɲa]
onderhemd (het)	camiseta (f)	[kami'zɛta]
sokken (mv.)	meias (f pl)	['mejas]

nachthemd (het)	camisola (f)	[kami'zɔla]
beha (de)	sutiã (m)	[su'tʃjã]
kniekousen (mv.)	meias longas (f pl)	['mejas 'lõgas]
panty (de)	meias-calças (f pl)	['mejas 'kalsas]
nylonkousen (mv.)	meias (f pl)	['mejas]
badpak (het)	maiô (m)	[ma'jo]

35. Hoofddeksels

hoed (de)	chapéu (m), touca (f)	[ʃa'pɛw], ['toka]
deukhoed (de)	chapéu (m) de feltro	[ʃa'pɛw de 'fewtru]
honkbalpet (de)	boné (m) de beisebol	[bo'nɛ de bejsi'bɔw]
kleppet (de)	boina (f)	['bojna]

baret (de)	boina (f) francesa	['bojna frã'seza]
kap (de)	capuz (m)	[ka'puz]
panamahoed (de)	chapéu panamá (m)	[ʃa'pɛw pana'ma]
gebreide muts (de)	touca (f)	['toka]

hoofddoek (de)	lenço (m)	['lẽsu]
dameshoed (de)	chapéu (m) feminino	[ʃa'pɛw femi'ninu]

veiligheidshelm (de)	capacete (m)	[kapa'setʃi]
veldmuts (de)	bibico (m)	[bi'biko]
helm, valhelm (de)	capacete (m)	[kapa'setʃi]

bolhoed (de)	chapéu-coco (m)	[ʃa'pɛw 'koku]
hoge hoed (de)	cartola (f)	[kar'tɔla]

36. Schoeisel

schoeisel (het)	calçado (m)	[kaw'sadu]
schoenen (mv.)	botinas (f pl), sapatos (m pl)	[bo'tʃinas], [sapa'tõjs]
vrouwenschoenen (mv.)	sapatos (m pl)	[sa'patus]
laarzen (mv.)	botas (f pl)	['bɔtas]
pantoffels (mv.)	pantufas (f pl)	[pã'tufas]

sportschoenen (mv.)	tênis (m pl)	['tenis]
sneakers (mv.)	tênis (m pl)	['tenis]
sandalen (mv.)	sandálias (f pl)	[sã'dalias]

schoenlapper (de)	sapateiro (m)	[sapa'tejru]
hiel (de)	salto (m)	['sawtu]

paar (een ~ schoenen)	par (m)	[par]
veter (de)	cadarço (m)	[ka'darsu]
rijgen (schoenen ~)	amarrar os cadarços	[ama'har us ka'darsus]
schoenlepel (de)	calçadeira (f)	[kawsa'dejra]
schoensmeer (de/het)	graxa (f) para calçado	['graʃa 'para kaw'sadu]

37. Persoonlijke accessoires

handschoenen (mv.)	luva (f)	['luva]
wanten (mv.)	mitenes (f pl)	[mi'tɛnes]
sjaal (fleece ~)	cachecol (m)	[kaʃe'kɔw]

bril (de)	óculos (m pl)	['ɔkulus]
brilmontuur (het)	armação (f)	[arma'sãw]
paraplu (de)	guarda-chuva (m)	['gwarda 'ʃuva]
wandelstok (de)	bengala (f)	[bẽ'gala]
haarborstel (de)	escova (f) para o cabelo	[is'kova 'para u ka'belu]
waaier (de)	leque (m)	['lɛki]

das (de)	gravata (f)	[gra'vata]
strikje (het)	gravata-borboleta (f)	[gra'vata borbo'leta]
bretels (mv.)	suspensórios (m pl)	[suspẽ'sɔrjus]
zakdoek (de)	lenço (m)	['lẽsu]

kam (de)	pente (m)	['pẽtʃi]
haarspeldje (het)	fivela (f) para cabelo	[fi'vɛla 'para ka'belu]
schuifspeldje (het)	grampo (m)	['grãpu]
gesp (de)	fivela (f)	[fi'vɛla]

broekriem (de)	cinto (m)	['sĩtu]
draagriem (de)	alça (f) de ombro	['awsa de 'õbru]

handtas (de)	bolsa (f)	['bowsa]
damestas (de)	bolsa, carteira (f)	['bowsa], [kar'tejra]
rugzak (de)	mochila (f)	[mo'ʃila]

38. Kleding. Diversen

mode (de)	moda (f)	['mɔda]
de mode (bn)	na moda	[na 'mɔda]
kledingstilist (de)	estilista (m)	[istʃi'lista]

kraag (de)	colarinho (m)	[kola'riɲu]
zak (de)	bolso (m)	['bowsu]
zak- (abn)	de bolso	[de 'bowsu]
mouw (de)	manga (f)	['mãga]
lusje (het)	ganchinho (m)	[gã'ʃiɲu]
gulp (de)	bragueta (f)	[bra'gwetʃi]

rits (de)	zíper (m)	['ziper]
sluiting (de)	colchete (m)	[kow'ʃetʃi]
knoop (de)	botão (m)	[bo'tãw]

| knoopsgat (het) | botoeira (f) | [bo'twejra] |
| losraken (bijv. knopen) | soltar-se (vr) | [sow'tarsi] |

naaien (kleren, enz.)	costurar (vi)	[kostu'rar]
borduren (ww)	bordar (vt)	[bor'dar]
borduursel (het)	bordado (m)	[bor'dadu]
naald (de)	agulha (f)	[a'guʎa]
draad (de)	fio, linha (f)	['fiu], ['liɲa]
naad (de)	costura (f)	[kos'tura]

vies worden (ww)	sujar-se (vr)	[su'ʒarsi]
vlek (de)	mancha (f)	['mãʃa]
gekreukt raken (ov. kleren)	amarrotar-se (vr)	[amaho'tarse]
scheuren (ov.ww.)	rasgar (vt)	[haz'gar]
mot (de)	traça (f)	['trasa]

39. Persoonlijke verzorging. Schoonheidsmiddelen

tandpasta (de)	pasta (f) de dente	['pasta de 'dẽtʃi]
tandenborstel (de)	escova (f) de dente	[is'kova de 'dẽtʃi]
tanden poetsen (ww)	escovar os dentes	[isko'var us 'dẽtʃis]

scheermes (het)	gilete (f)	[ʒi'lɛtʃi]
scheerschuim (het)	creme (m) de barbear	['krɛmi de bar'bjar]
zich scheren (ww)	barbear-se (vr)	[bar'bjarsi]

| zeep (de) | sabonete (m) | [sabo'netʃi] |
| shampoo (de) | xampu (m) | [ʃã'pu] |

schaar (de)	tesoura (f)	[te'zora]
nagelvijl (de)	lixa (f) de unhas	['liʃa de 'uɲas]
nagelknipper (de)	corta-unhas (m)	['kɔrta 'uɲas]
pincet (het)	pinça (f)	['pĩsa]

cosmetica (mv.)	cosméticos (m pl)	[koz'mɛtʃikus]
masker (het)	máscara (f)	['maskara]
manicure (de)	manicure (f)	[mani'kuri]
manicure doen	fazer as unhas	[fa'zer as 'uɲas]
pedicure (de)	pedicure (f)	[pedi'kure]

cosmetica tasje (het)	bolsa (f) de maquiagem	['bowsa de ma'kjaʒẽ]
poeder (de/het)	pó (m)	[pɔ]
poederdoos (de)	pó (m) compacto	[pɔ kõ'paktu]
rouge (de)	blush (m)	[blaʃ]

parfum (de/het)	perfume (m)	[per'fumi]
eau de toilet (de)	água-de-colônia (f)	['agwa de ko'lonja]
lotion (de)	loção (f)	[lo'sãw]
eau de cologne (de)	colônia (f)	[ko'lonja]

oogschaduw (de)	sombra (f) de olhos	['sõbra de 'oʎus]
oogpotlood (het)	delineador (m)	[delinja'dor]
mascara (de)	máscara (f), rímel (m)	['maskara], ['himew]
lippenstift (de)	batom (m)	['batõ]

nagellak (de)	esmalte (m)	[iz'mawtʃi]
haarlak (de)	laquê (m), spray fixador (m)	[la'ke], [is'prej fiksa'dor]
deodorant (de)	desodorante (m)	[dʒizodo'rãtʃi]

crème (de)	creme (m)	['krɛmi]
gezichtscrème (de)	creme (m) de rosto	['krɛmi de 'hostu]
handcrème (de)	creme (m) de mãos	['krɛmi de 'mãws]
antirimpelcrème (de)	creme (m) antirrugas	['krɛmi ãtʃi'hugas]
dagcrème (de)	creme (m) de dia	['krɛmi de 'dʒia]
nachtcrème (de)	creme (m) de noite	['krɛmi de 'nojtʃi]
dag- (abn)	de dia	[de 'dʒia]
nacht- (abn)	da noite	[da 'nojtʃi]

tampon (de)	absorvente (m) interno	[absor'vẽtʃi ĩ'tɛrnu]
toiletpapier (het)	papel (m) higiênico	[pa'pɛw i'ʒjeniku]
föhn (de)	secador (m) de cabelo	[seka'dor de ka'belu]

40. Horloges. Klokken

polshorloge (het)	relógio (m) de pulso	[he'lɔʒu de 'puwsu]
wijzerplaat (de)	mostrador (m)	[mostra'dor]
wijzer (de)	ponteiro (m)	[põ'tejru]
metalen horlogeband (de)	bracelete (f) em aço	[brase'letʃi ẽ 'asu]
horlogebandje (het)	bracelete (f) em couro	[brase'letʃi ẽ 'koru]

batterij (de)	pilha (f)	['piʎa]
leeg zijn (ww)	acabar (vi)	[aka'bar]
batterij vervangen	trocar a pilha	[tro'kar a 'piʎa]
voorlopen (ww)	estar adiantado	[is'tar adʒjã'tadu]
achterlopen (ww)	estar atrasado	[is'tar atra'zadu]

wandklok (de)	relógio (m) de parede	[he'lɔʒu de pa'redʒi]
zandloper (de)	ampulheta (f)	[ãpu'ʎeta]
zonnewijzer (de)	relógio (m) de sol	[he'lɔʒu de sɔw]
wekker (de)	despertador (m)	[dʒisperta'dor]
horlogemaker (de)	relojoeiro (m)	[helo'ʒwejru]
repareren (ww)	reparar (vt)	[hepa'rar]

ALLEDAAGSE ERVARING

41. Geld

geld (het)	dinheiro (m)	[dʒi'ɲejru]
ruil (de)	câmbio (m)	['kãbju]
koers (de)	taxa (f) de câmbio	['taʃa de 'kãbju]
geldautomaat (de)	caixa (m) eletrônico	['kaɪʃa ele'troniku]
muntstuk (de)	moeda (f)	['mwɛda]
dollar (de)	dólar (m)	['dɔlar]
euro (de)	euro (m)	['ewru]
lire (de)	lira (f)	['lira]
Duitse mark (de)	marco (m)	['marku]
frank (de)	franco (m)	['frãku]
pond sterling (het)	libra (f) esterlina	['libra ister'linu]
yen (de)	iene (m)	['jɛni]
schuld (geldbedrag)	dívida (f)	['dʒivida]
schuldenaar (de)	devedor (m)	[deve'dor]
uitlenen (ww)	emprestar (vt)	[ẽpres'tar]
lenen (geld ~)	pedir emprestado	[pe'dʒir ẽpres'tadu]
bank (de)	banco (m)	['bãku]
bankrekening (de)	conta (f)	['kõta]
storten (ww)	depositar (vt)	[depozi'tar]
op rekening storten	depositar na conta	[depozi'tar na 'kõta]
opnemen (ww)	sacar (vt)	[sa'kar]
kredietkaart (de)	cartão (m) de crédito	[kar'tãw de 'krɛdʒitu]
baar geld (het)	dinheiro (m) vivo	[dʒi'ɲejru 'vivu]
cheque (de)	cheque (m)	['ʃɛki]
een cheque uitschrijven	passar um cheque	[pa'sar ũ 'ʃɛki]
chequeboekje (het)	talão (m) de cheques	[ta'lãw de 'ʃɛkis]
portefeuille (de)	carteira (f)	[kar'tejra]
geldbeugel (de)	niqueleira (f)	[nike'lejra]
safe (de)	cofre (m)	['kɔfri]
erfgenaam (de)	herdeiro (m)	[er'dejru]
erfenis (de)	herança (f)	[e'rãsa]
fortuin (het)	fortuna (f)	[for'tuna]
huur (de)	arrendamento (m)	[ahẽda'mẽtu]
huurprijs (de)	aluguel (m)	[alu'gɛw]
huren (huis, kamer)	alugar (vt)	[alu'gar]
prijs (de)	preço (m)	['presu]
kostprijs (de)	custo (m)	['kustu]

som (de)	soma (f)	['sɔma]
uitgeven (geld besteden)	gastar (vt)	[gas'tar]
kosten (mv.)	gastos (m pl)	['gastus]
bezuinigen (ww)	economizar (vi)	[ekonomi'zar]
zuinig (bn)	econômico	[eko'nomiku]

betalen (ww)	pagar (vt)	[pa'gar]
betaling (de)	pagamento (m)	[paga'mẽtu]
wisselgeld (het)	troco (m)	['troku]

belasting (de)	imposto (m)	[ĩ'postu]
boete (de)	multa (f)	['muwta]
beboeten (bekeuren)	multar (vt)	[muw'tar]

42. Post. Postkantoor

postkantoor (het)	agência (f) dos correios	[a'ʒẽsja dus ko'hejus]
post (de)	correio (m)	[ko'heju]
postbode (de)	carteiro (m)	[kar'tejru]
openingsuren (mv.)	horário (m)	[o'rarju]

brief (de)	carta (f)	['karta]
aangetekende brief (de)	carta (f) registada	['karta heʒis'tada]
briefkaart (de)	cartão (m) postal	[kar'tãw pos'taw]
telegram (het)	telegrama (m)	[tele'grama]
postpakket (het)	encomenda (f)	[ẽko'mẽda]
overschrijving (de)	transferência (f) de dinheiro	[trãsfe'rẽsja de dʒi'ɲejru]

ontvangen (ww)	receber (vt)	[hese'ber]
sturen (zenden)	enviar (vt)	[ẽ'vjar]
verzending (de)	envio (m)	[ẽ'viu]
adres (het)	endereço (m)	[ẽde'resu]
postcode (de)	código (m) postal	['kɔdʒigu pos'taw]
verzender (de)	remetente (m)	[heme'tẽtʃi]
ontvanger (de)	destinatário (m)	[destʃina'tarju]

naam (de)	nome (m)	['nɔmi]
achternaam (de)	sobrenome (m)	[sobri'nɔmi]
tarief (het)	tarifa (f)	[ta'rifa]
standaard (bn)	ordinário	[ordʒi'narju]
zuinig (bn)	econômico	[eko'nomiku]

gewicht (het)	peso (m)	['pezu]
afwegen (op de weegschaal)	pesar (vt)	[pe'zar]
envelop (de)	envelope (m)	[ẽve'lɔpi]
postzegel (de)	selo (m) postal	['selu pos'taw]
een postzegel plakken op	colar o selo	[ko'lar u 'selu]

43. Bankieren

| bank (de) | banco (m) | ['bãku] |
| bankfiliaal (het) | balcão (f) | [baw'kãw] |

| bankbediende (de) | consultor (m) bancário | [kõsuw'tor bã'karju] |
| manager (de) | gerente (m) | [ʒe'rẽtʃi] |

bankrekening (de)	conta (f)	['kõta]
rekeningnummer (het)	número (m) da conta	['numeru da 'kõta]
lopende rekening (de)	conta (f) corrente	['kõta ko'hẽtʃi]
spaarrekening (de)	conta (f) poupança	['kõta po'pãsa]

een rekening openen	abrir uma conta	[a'brir 'uma 'kõta]
de rekening sluiten	fechar uma conta	[fe'ʃar 'uma 'kõta]
op rekening storten	depositar na conta	[depozi'tar na 'kõta]
opnemen (ww)	sacar (vt)	[sa'kar]

storting (de)	depósito (m)	[de'pɔzitu]
een storting maken	fazer um depósito	[fa'zer ũ de'pɔzitu]
overschrijving (de)	transferência (f) bancária	[trãsfe'rẽsja bã'karja]
een overschrijving maken	transferir (vt)	[trãsfe'rir]

| som (de) | soma (f) | ['sɔma] |
| Hoeveel? | Quanto? | ['kwãtu] |

| handtekening (de) | assinatura (f) | [asina'tura] |
| ondertekenen (ww) | assinar (vt) | [asi'nar] |

kredietkaart (de)	cartão (m) de crédito	[kar'tãw de 'krɛdʒitu]
code (de)	senha (f)	['sɛɲa]
kredietkaartnummer (het)	número (m) do cartão de crédito	['numeru du kar'tãw de 'krɛdʒitu]
geldautomaat (de)	caixa (m) eletrônico	['kaɪʃa ele'troniku]

cheque (de)	cheque (m)	['ʃɛki]
een cheque uitschrijven	passar um cheque	[pa'sar ũ 'ʃɛki]
chequeboekje (het)	talão (m) de cheques	[ta'lãw de 'ʃɛkis]

lening, krediet (de)	empréstimo (m)	[ẽ'prɛstʃimu]
een lening aanvragen	pedir um empréstimo	[pe'dʒir ũ ẽ'prɛstʃimu]
een lening nemen	obter empréstimo	[ob'ter ẽ'prɛstʃimu]
een lening verlenen	dar um empréstimo	[dar ũ ẽ'prɛstʃimu]
garantie (de)	garantia (f)	[garã'tʃia]

44. Telefoon. Telefoongesprek

telefoon (de)	telefone (m)	[tele'fɔni]
mobieltje (het)	celular (m)	[selu'lar]
antwoordapparaat (het)	secretária (f) eletrônica	[sekre'tarja ele'tronika]

| bellen (ww) | fazer uma chamada | [fa'zer 'uma ʃa'mada] |
| belletje (telefoontje) | chamada (f) | [ʃa'mada] |

een nummer draaien	discar um número	[dʒis'kar ũ 'numeru]
Hallo!	Alô!	[a'lo]
vragen (ww)	perguntar (vt)	[pergũ'tar]
antwoorden (ww)	responder (vt)	[hespõ'der]
horen (ww)	ouvir (vt)	[o'vir]

goed (bw)	bem	[bẽj]
slecht (bw)	mal	[maw]
storingen (mv.)	ruído (m)	['hwidu]

hoorn (de)	fone (m)	['fɔni]
opnemen (ww)	pegar o telefone	[pe'gar u tele'fɔni]
ophangen (ww)	desligar (vi)	[dʒizli'gar]

bezet (bn)	ocupado	[oku'padu]
overgaan (ww)	tocar (vi)	[to'kar]
telefoonboek (het)	lista (f) telefônica	['lista tele'fonika]

lokaal (bn)	local	[lo'kaw]
lokaal gesprek (het)	chamada (f) local	[ʃa'mada lo'kaw]
interlokaal (bn)	de longa distância	['de 'lõgu dʒis'tãsja]
interlokaal gesprek (het)	chamada (f) de longa distância	[ʃa'mada de 'lõgu dʒis'tãsja]
buitenlands (bn)	internacional	[ĩternasjo'naw]

45. Mobiele telefoon

mobieltje (het)	celular (m)	[selu'lar]
scherm (het)	tela (f)	['tɛla]
toets, knop (de)	botão (m)	[bo'tãw]
simkaart (de)	cartão SIM (m)	[kar'tãw sim]

batterij (de)	bateria (f)	[bate'ria]
leeg zijn (ww)	descarregar-se (vr)	[dʒiskahe'garsi]
acculader (de)	carregador (m)	[kahega'dor]

menu (het)	menu (m)	[me'nu]
instellingen (mv.)	configurações (f pl)	[kõfigura'sõjs]
melodie (beltoon)	melodia (f)	[melo'dʒia]
selecteren (ww)	escolher (vt)	[isko'ʎer]

rekenmachine (de)	calculadora (f)	[kawkula'dora]
voicemail (de)	correio (m) de voz	[ko'heju de vɔz]
wekker (de)	despertador (m)	[dʒisperta'dor]
contacten (mv.)	contatos (m pl)	[kõ'tatus]

SMS-bericht (het)	mensagem (f) de texto	[mẽ'saʒẽ de 'testu]
abonnee (de)	assinante (m)	[asi'nãtʃi]

46. Schrijfbehoeften

balpen (de)	caneta (f)	[ka'neta]
vulpen (de)	caneta (f) tinteiro	[ka'neta tʃĩ'tejru]

potlood (het)	lápis (m)	['lapis]
marker (de)	marcador (m) de texto	[marka'dor de 'testu]
viltstift (de)	caneta (f) hidrográfica	[ka'neta idro'grafika]
notitieboekje (het)	bloco (m) de notas	['blɔku de 'nɔtas]

agenda (boekje)	agenda (f)	[a'ʒẽda]
liniaal (de/het)	régua (f)	['hɛgwa]
rekenmachine (de)	calculadora (f)	[kawkula'dora]
gom (de)	borracha (f)	[bo'haʃa]
punaise (de)	alfinete (m)	[awfi'netʃi]
paperclip (de)	clipe (m)	['klipi]

lijm (de)	cola (f)	['kɔla]
nietmachine (de)	grampeador (m)	[grãpja'dor]
perforator (de)	furador (m) de papel	[fura'dor de pa'pɛw]
potloodslijper (de)	apontador (m)	[apõta'dor]

47. Vreemde talen

taal (de)	língua (f)	['lĩgwa]
vreemd (bn)	estrangeiro	[istrã'ʒejru]
vreemde taal (de)	língua (f) estrangeira	['lĩgwa istrã'ʒejra]
leren (bijv. van buiten ~)	estudar (vt)	[istu'dar]
studeren (Nederlands ~)	aprender (vt)	[aprẽ'der]

lezen (ww)	ler (vt)	[ler]
spreken (ww)	falar (vi)	[fa'lar]
begrijpen (ww)	entender (vt)	[ẽtẽ'der]
schrijven (ww)	escrever (vt)	[iskre'ver]

snel (bw)	rapidamente	[hapida'mẽtʃi]
langzaam (bw)	lentamente	[lẽta'mẽtʃi]
vloeiend (bw)	fluentemente	[fluẽte'mẽtʃi]

regels (mv.)	regras (f pl)	['hɛgras]
grammatica (de)	gramática (f)	[gra'matʃika]
vocabulaire (het)	vocabulário (m)	[vokabu'larju]
fonetiek (de)	fonética (f)	[fo'nɛtʃika]

leerboek (het)	livro (m) didático	['livru dʒi'datʃiku]
woordenboek (het)	dicionário (m)	[dʒisjo'narju]
leerboek (het) voor zelfstudie	manual (m) autodidático	[ma'nwaw awtodʒi'datʃiku]
taalgids (de)	guia (m) de conversação	['gia de kõversa'sãw]

cassette (de)	fita (f) cassete	['fita ka'sɛtʃi]
videocassette (de)	videoteipe (m)	[vidʒu'tejpi]
CD (de)	CD, disco (m) compacto	['sede], ['dʒisku kõ'paktu]
DVD (de)	DVD (m)	[deve'de]

alfabet (het)	alfabeto (m)	[awfa'bɛtu]
spellen (ww)	soletrar (vt)	[sole'trar]
uitspraak (de)	pronúncia (f)	[pro'nũsja]

accent (het)	sotaque (m)	[so'taki]
met een accent (bw)	com sotaque	[kõ so'taki]
zonder accent (bw)	sem sotaque	[sẽ so'taki]

| woord (het) | palavra (f) | [pa'lavra] |
| betekenis (de) | sentido (m) | [sẽ'tʃidu] |

cursus (de)	curso (m)	['kursu]
zich inschrijven (ww)	inscrever-se (vr)	[ĩskre'verse]
leraar (de)	professor (m)	[profe'sor]
vertaling (een ~ maken)	tradução (f)	[tradu'sãw]
vertaling (tekst)	tradução (f)	[tradu'sãw]
vertaler (de)	tradutor (m)	[tradu'tor]
tolk (de)	intérprete (m)	[ĩ'tɛrpretʃi]
polyglot (de)	poliglota (m)	[pɔli'glɔta]
geheugen (het)	memória (f)	[me'mɔrja]

MAALTIJDEN. RESTAURANT

48. Tafelschikking

lepel (de)	colher (f)	[ko'ʎer]
mes (het)	faca (f)	['faka]
vork (de)	garfo (m)	['garfu]
kopje (het)	xícara (f)	['ʃikara]
bord (het)	prato (m)	['pratu]
schoteltje (het)	pires (m)	['piris]
servet (het)	guardanapo (m)	[gwarda'napu]
tandenstoker (de)	palito (m)	[pa'litu]

49. Restaurant

restaurant (het)	restaurante (m)	[hestaw'rãtʃi]
koffiehuis (het)	cafeteria (f)	[kafete'ria]
bar (de)	bar (m), cervejaria (f)	[bar], [serveʒa'ria]
tearoom (de)	salão (m) de chá	[sa'lãw de ʃa]
kelner, ober (de)	garçom (m)	[gar'sõ]
serveerster (de)	garçonete (f)	[garso'netʃi]
barman (de)	barman (m)	[bar'mã]
menu (het)	cardápio (m)	[kar'dapju]
wijnkaart (de)	lista (f) de vinhos	['lista de 'viɲus]
een tafel reserveren	reservar uma mesa	[hezer'var 'uma 'meza]
gerecht (het)	prato (m)	['pratu]
bestellen (eten ~)	pedir (vt)	[pe'dʒir]
een bestelling maken	fazer o pedido	[fa'zer u pe'dʒidu]
aperitief (de/het)	aperitivo (m)	[aperi'tʃivu]
voorgerecht (het)	entrada (f)	[ẽ'trada]
dessert (het)	sobremesa (f)	[sobri'meza]
rekening (de)	conta (f)	['kõta]
de rekening betalen	pagar a conta	[pa'gar a 'kõta]
wisselgeld teruggeven	dar o troco	[dar u 'troku]
fooi (de)	gorjeta (f)	[gor'ʒeta]

50. Maaltijden

eten (het)	comida (f)	[ko'mida]
eten (ww)	comer (vt)	[ko'mer]

ontbijt (het)	café (m) da manhã	[ka'fɛ da ma'ɲã]
ontbijten (ww)	tomar café da manhã	[to'mar ka'fɛ da ma'ɲã]
lunch (de)	almoço (m)	[aw'mosu]
lunchen (ww)	almoçar (vi)	[awmo'sar]
avondeten (het)	jantar (m)	[ʒã'tar]
souperen (ww)	jantar (vi)	[ʒã'tar]

eetlust (de)	apetite (m)	[ape'tʃitʃi]
Eet smakelijk!	Bom apetite!	[bõ ape'tʃitʃi]

openen (een fles ~)	abrir (vt)	[a'brir]
morsen (koffie, enz.)	derramar (vt)	[deha'mar]
zijn gemorst	derramar-se (vr)	[deha'marsi]

koken (water kookt bij 100°C)	ferver (vi)	[fer'ver]
koken (Hoe om water te ~)	ferver (vt)	[fer'ver]
gekookt (~ water)	fervido	[fer'vidu]
afkoelen (koeler maken)	esfriar (vt)	[is'frjar]
afkoelen (koeler worden)	esfriar-se (vr)	[is'frjarse]

smaak (de)	sabor, gosto (m)	[sa'bor], ['gostu]
nasmaak (de)	fim (m) de boca	[fĩ de 'boka]

volgen een dieet	emagrecer (vi)	[imagre'ser]
dieet (het)	dieta (f)	['dʒjɛta]
vitamine (de)	vitamina (f)	[vita'mina]
calorie (de)	caloria (f)	[kalo'ria]
vegetariër (de)	vegetariano (m)	[veʒeta'rjanu]
vegetarisch (bn)	vegetariano	[veʒeta'rjanu]

vetten (mv.)	gorduras (f pl)	[gor'duras]
eiwitten (mv.)	proteínas (f pl)	[prote'inas]
koolhydraten (mv.)	carboidratos (m pl)	[karboi'dratus]
snede (de)	fatia (f)	[fa'tʃia]
stuk (bijv. een ~ taart)	pedaço (m)	[pe'dasu]
kruimel (de)	migalha (f), farelo (m)	[mi'gaʎa], [fa'rɛlu]

51. Bereide gerechten

gerecht (het)	prato (m)	['pratu]
keuken (bijv. Franse ~)	cozinha (f)	[ko'ziɲa]
recept (het)	receita (f)	[he'sejta]
portie (de)	porção (f)	[por'sãw]

salade (de)	salada (f)	[sa'lada]
soep (de)	sopa (f)	['sopa]

bouillon (de)	caldo (m)	['kawdu]
boterham (de)	sanduíche (m)	[sand'wiʃi]
spiegelei (het)	ovos (m pl) fritos	['ɔvus 'fritus]

hamburger (de)	hambúrguer (m)	[ã'burger]
biefstuk (de)	bife (m)	['bifi]
garnering (de)	acompanhamento (m)	[akõpaɲa'mẽtu]

spaghetti (de)	espaguete (m)	[ispa'geti]
aardappelpuree (de)	purê (m) de batata	[pu're de ba'tata]
pizza (de)	pizza (f)	['pitsa]
pap (de)	mingau (m)	[mĩ'gaw]
omelet (de)	omelete (f)	[ome'letʃi]

gekookt (in water)	fervido	[fer'vidu]
gerookt (bn)	defumado	[defu'madu]
gebakken (bn)	frito	['fritu]
gedroogd (bn)	seco	['seku]
diepvries (bn)	congelado	[kõʒe'ladu]
gemarineerd (bn)	em conserva	[ẽ kõ'serva]

zoet (bn)	doce	['dosi]
gezouten (bn)	salgado	[saw'gadu]
koud (bn)	frio	['friu]
heet (bn)	quente	['kẽtʃi]
bitter (bn)	amargo	[a'margu]
lekker (bn)	gostoso	[gos'tozu]

koken (in kokend water)	cozinhar em água fervente	[kozi'ɲar ẽ 'agwa fer'vẽtʃi]
bereiden (avondmaaltijd ~)	preparar (vt)	[prepa'rar]
bakken (ww)	fritar (vt)	[fri'tar]
opwarmen (ww)	aquecer (vt)	[ake'ser]

zouten (ww)	salgar (vt)	[saw'gar]
peperen (ww)	apimentar (vt)	[apimẽ'tar]
raspen (ww)	ralar (vt)	[ha'lar]
schil (de)	casca (f)	['kaska]
schillen (ww)	descascar (vt)	[dʒiskas'kar]

52. Voedsel

vlees (het)	carne (f)	['karni]
kip (de)	galinha (f)	[ga'liɲa]
kuiken (het)	frango (m)	['frãgu]
eend (de)	pato (m)	['patu]
gans (de)	ganso (m)	['gãsu]
wild (het)	caça (f)	['kasa]
kalkoen (de)	peru (m)	[pe'ru]

varkensvlees (het)	carne (f) de porco	['karni de 'porku]
kalfsvlees (het)	carne (f) de vitela	['karni de vi'tɛla]
schapenvlees (het)	carne (f) de carneiro	['karni de kar'nejru]
rundvlees (het)	carne (f) de vaca	['karni de 'vaka]
konijnenvlees (het)	carne (f) de coelho	['karni de ko'eʎu]

worst (de)	linguiça (f), salsichão (m)	[lĩ'gwisa], [sawsi'ʃãw]
saucijs (de)	salsicha (f)	[saw'siʃa]
spek (het)	bacon (m)	['bejkõ]
ham (de)	presunto (m)	[pre'zũtu]
gerookte achterham (de)	pernil (m) de porco	[per'niw de 'porku]
paté (de)	patê (m)	[pa'te]
lever (de)	fígado (m)	['figadu]

gehakt (het)	guisado (m)	[gi'zadu]
tong (de)	língua (f)	['lĩgwa]

ei (het)	ovo (m)	['ovu]
eieren (mv.)	ovos (m pl)	['ɔvus]
eiwit (het)	clara (f) de ovo	['klara de 'ovu]
eigeel (het)	gema (f) de ovo	['ʒɛma de 'ovu]

vis (de)	peixe (m)	['pejʃi]
zeevruchten (mv.)	mariscos (m pl)	[ma'riskus]
schaaldieren (mv.)	crustáceos (m pl)	[krus'tasjus]
kaviaar (de)	caviar (m)	[ka'vjar]

krab (de)	caranguejo (m)	[karã'geʒu]
garnaal (de)	camarão (m)	[kama'rãw]
oester (de)	ostra (f)	['ostra]
langoest (de)	lagosta (f)	[la'gosta]
octopus (de)	polvo (m)	['powvu]
inktvis (de)	lula (f)	['lula]

steur (de)	esturjão (m)	[istur'ʒãw]
zalm (de)	salmão (m)	[saw'mãw]
heilbot (de)	halibute (m)	[ali'butʃi]

kabeljauw (de)	bacalhau (m)	[baka'ʎaw]
makreel (de)	cavala, sarda (f)	[ka'vala], ['sarda]
tonijn (de)	atum (m)	[a'tũ]
paling (de)	enguia (f)	[ẽ'gia]

forel (de)	truta (f)	['truta]
sardine (de)	sardinha (f)	[sar'dʒiɲa]
snoek (de)	lúcio (m)	['lusju]
haring (de)	arenque (m)	[a'rẽki]

brood (het)	pão (m)	[pãw]
kaas (de)	queijo (m)	['kejʒu]
suiker (de)	açúcar (m)	[a'sukar]
zout (het)	sal (m)	[saw]

rijst (de)	arroz (m)	[a'hoz]
pasta (de)	massas (f pl)	['masas]
noedels (mv.)	talharim, miojo (m)	[taʎa'rĩ], [mi'oʒu]

boter (de)	manteiga (f)	[mã'tejga]
plantaardige olie (de)	óleo (m) vegetal	['ɔlju veʒe'taw]
zonnebloemolie (de)	óleo (m) de girassol	['ɔlju de ʒira'sɔw]
margarine (de)	margarina (f)	[marga'rina]

olijven (mv.)	azeitonas (f pl)	[azej'tɔnas]
olijfolie (de)	azeite (m)	[a'zejtʃi]

melk (de)	leite (m)	['lejtʃi]
gecondenseerde melk (de)	leite (m) condensado	['lejtʃi kõdẽ'sadu]
yoghurt (de)	iogurte (m)	[jo'gurtʃi]
zure room (de)	creme azedo (m)	['krɛmi a'zedu]
room (de)	creme (m) de leite	['krɛmi de 'lejtʃi]

| mayonaise (de) | maionese (f) | [majo'nɛzi] |
| crème (de) | creme (m) | ['krɛmi] |

graan (het)	grãos (m pl) de cereais	['grãws de se'rjajs]
meel (het), bloem (de)	farinha (f)	[fa'riɲa]
conserven (mv.)	enlatados (m pl)	[ẽla'tadus]

maïsvlokken (mv.)	flocos (m pl) de milho	['flɔkus de 'miʎu]
honing (de)	mel (m)	[mɛw]
jam (de)	geleia (m)	[ʒe'lɛja]
kauwgom (de)	chiclete (m)	[ʃi'klɛtʃi]

53. Drankjes

water (het)	água (f)	['agwa]
drinkwater (het)	água (f) potável	['agwa pu'tavɛw]
mineraalwater (het)	água (f) mineral	['agwa mine'raw]

zonder gas	sem gás	[sẽ gajs]
koolzuurhoudend (bn)	gaseificada	[gazejfi'kadu]
bruisend (bn)	com gás	[kõ gajs]
ijs (het)	gelo (m)	['ʒelu]
met ijs	com gelo	[kõ 'ʒelu]

alcohol vrij (bn)	não alcoólico	[nãw aw'kɔliku]
alcohol vrije drank (de)	refrigerante (m)	[hefriʒe'rãtʃi]
frisdrank (de)	refresco (m)	[he'fresku]
limonade (de)	limonada (f)	[limo'nada]

alcoholische dranken (mv.)	bebidas (f pl) alcoólicas	[be'bidas aw'kɔlikas]
wijn (de)	vinho (m)	['viɲu]
witte wijn (de)	vinho (m) branco	['viɲu 'brãku]
rode wijn (de)	vinho (m) tinto	['viɲu 'tʃĩtu]

likeur (de)	licor (m)	[li'kor]
champagne (de)	champanhe (m)	[ʃã'paɲi]
vermout (de)	vermute (m)	[ver'mutʃi]

whisky (de)	uísque (m)	['wiski]
wodka (de)	vodca (f)	['vɔdʒka]
gin (de)	gim (m)	[ʒĩ]
cognac (de)	conhaque (m)	[ko'ɲaki]
rum (de)	rum (m)	[hũ]

koffie (de)	café (m)	[ka'fɛ]
zwarte koffie (de)	café (m) preto	[ka'fɛ 'pretu]
koffie (de) met melk	café (m) com leite	[ka'fɛ kõ 'lejtʃi]
cappuccino (de)	cappuccino (m)	[kapu'tʃinu]
oploskoffie (de)	café (m) solúvel	[ka'fɛ so'luvɛw]

melk (de)	leite (m)	['lejtʃi]
cocktail (de)	coquetel (m)	[koke'tɛw]
milkshake (de)	batida (f), milkshake (m)	[ba'tʃida], ['milkʃejk]
sap (het)	suco (m)	['suku]

tomatensap (het)	suco (m) de tomate	['suku de to'matʃi]
sinaasappelsap (het)	suco (m) de laranja	['suku de la'rãʒa]
vers geperst sap (het)	suco (m) fresco	['suku 'fresku]

bier (het)	cerveja (f)	[ser'veʒa]
licht bier (het)	cerveja (f) clara	[ser'veʒa 'klara]
donker bier (het)	cerveja (f) preta	[ser'veʒa 'preta]

thee (de)	chá (m)	[ʃa]
zwarte thee (de)	chá (m) preto	[ʃa 'pretu]
groene thee (de)	chá (m) verde	[ʃa 'verdʒi]

54. Groenten

| groenten (mv.) | vegetais (m pl) | [veʒe'tajs] |
| verse kruiden (mv.) | verdura (f) | [ver'dura] |

tomaat (de)	tomate (m)	[to'matʃi]
augurk (de)	pepino (m)	[pe'pinu]
wortel (de)	cenoura (f)	[se'nora]
aardappel (de)	batata (f)	[ba'tata]
ui (de)	cebola (f)	[se'bola]
knoflook (de)	alho (m)	['aʎu]

| kool (de) | couve (f) | ['kovi] |
| bloemkool (de) | couve-flor (f) | ['kovi 'flɔr] |

| spruitkool (de) | couve-de-bruxelas (f) | ['kovi de bru'ʃelas] |
| broccoli (de) | brócolis (m pl) | ['brɔkolis] |

rode biet (de)	beterraba (f)	[bete'haba]
aubergine (de)	berinjela (f)	[berĩ'ʒɛla]
courgette (de)	abobrinha (f)	[abo'briɲa]

| pompoen (de) | abóbora (f) | [a'bɔbora] |
| raap (de) | nabo (m) | ['nabu] |

peterselie (de)	salsa (f)	['sawsa]
dille (de)	endro, aneto (m)	['ẽdru], [a'netu]
sla (de)	alface (f)	[aw'fasi]
selderij (de)	aipo (m)	['ajpu]

| asperge (de) | aspargo (m) | [as'pargu] |
| spinazie (de) | espinafre (m) | [ispi'nafri] |

| erwt (de) | ervilha (f) | [er'viʎa] |
| bonen (mv.) | feijão (m) | [fej'ʒãw] |

| maïs (de) | milho (m) | ['miʎu] |
| nierboon (de) | feijão (m) roxo | [fej'ʒãw 'hoʃu] |

peper (de)	pimentão (m)	[pimẽ'tãw]
radijs (de)	rabanete (m)	[haba'netʃi]
artisjok (de)	alcachofra (f)	[awka'ʃofra]

55. Vruchten. Noten

vrucht (de)	fruta (f)	['fruta]
appel (de)	maçã (f)	[ma'sã]
peer (de)	pera (f)	['pera]
citroen (de)	limão (m)	[li'mãw]
sinaasappel (de)	laranja (f)	[la'rãʒa]
aardbei (de)	morango (m)	[mo'rãgu]

mandarijn (de)	tangerina (f)	[tãʒe'rina]
pruim (de)	ameixa (f)	[a'mejʃa]
perzik (de)	pêssego (m)	['pesegu]
abrikoos (de)	damasco (m)	[da'masku]
framboos (de)	framboesa (f)	[frãbo'eza]
ananas (de)	abacaxi (m)	[abaka'ʃi]

banaan (de)	banana (f)	[ba'nana]
watermeloen (de)	melancia (f)	[melã'sia]
druif (de)	uva (f)	['uva]
zure kers (de)	ginja (f)	['ʒĩʒa]
zoete kers (de)	cereja (f)	[se'reʒa]
meloen (de)	melão (m)	[me'lãw]

grapefruit (de)	toranja (f)	[to'rãʒa]
avocado (de)	abacate (m)	[aba'katʃi]
papaja (de)	mamão (m)	[ma'mãw]
mango (de)	manga (f)	['mãga]
granaatappel (de)	romã (f)	['homa]

rode bes (de)	groselha (f) vermelha	[[gro'zeʎa ver'meʎa]
zwarte bes (de)	groselha (f) negra	[gro'zeʎa 'negra]
kruisbes (de)	groselha (f) espinhosa	[gro'zeʎa ispi'ɲoza]
blauwe bosbes (de)	mirtilo (m)	[mih'tʃilu]
braambes (de)	amora (f) silvestre	[a'mɔra siw'vɛstri]

rozijn (de)	passa (f)	['pasa]
vijg (de)	figo (m)	['figu]
dadel (de)	tâmara (f)	['tamara]

pinda (de)	amendoim (m)	[amẽdo'ĩ]
amandel (de)	amêndoa (f)	[a'mẽdwa]
walnoot (de)	noz (f)	[nɔz]
hazelnoot (de)	avelã (f)	[ave'lã]
kokosnoot (de)	coco (m)	['koku]
pistaches (mv.)	pistaches (m pl)	[pis'taʃis]

56. Brood. Snoep

suikerbakkerij (de)	pastelaria (f)	[pastela'ria]
brood (het)	pão (m)	[pãw]
koekje (het)	biscoito (m), bolacha (f)	[bis'kojtu], [bo'laʃa]
chocolade (de)	chocolate (m)	[ʃoko'latʃi]
chocolade- (abn)	de chocolate	[de ʃoko'latʃi]

snoepje (het)	bala (f)	['bala]
cakeje (het)	doce (m), bolo (m) pequeno	['dosi], ['bolu pe'kenu]
taart (bijv. verjaardags~)	bolo (m) de aniversário	['bolu de aniver'sarju]

| pastei (de) | torta (f) | ['tɔrta] |
| vulling (de) | recheio (m) | [he'ʃeju] |

confituur (de)	geleia (m)	[ʒe'lɛja]
marmelade (de)	marmelada (f)	[marme'lada]
wafel (de)	wafers (m pl)	['wafers]
ijsje (het)	sorvete (m)	[sor'vetʃi]
pudding (de)	pudim (m)	[pu'dʒĩ]

57. Kruiden

zout (het)	sal (m)	[saw]
gezouten (bn)	salgado	[saw'gadu]
zouten (ww)	salgar (vt)	[saw'gar]

zwarte peper (de)	pimenta-do-reino (f)	[pi'mẽta-du-hejnu]
rode peper (de)	pimenta (f) vermelha	[pi'mẽta ver'meʎa]
mosterd (de)	mostarda (f)	[mos'tarda]
mierikswortel (de)	raiz-forte (f)	[ha'iz fortʃi]

condiment (het)	condimento (m)	[kõdʒi'mẽtu]
specerij, kruiderij (de)	especiaria (f)	[ispesja'ria]
saus (de)	molho (m)	['moʎu]
azijn (de)	vinagre (m)	[vi'nagri]

anijs (de)	anis (m)	[a'nis]
basilicum (de)	manjericão (m)	[mãʒeri'kãw]
kruidnagel (de)	cravo (m)	['kravu]
gember (de)	gengibre (m)	[ʒẽ'ʒibri]
koriander (de)	coentro (m)	[ko'ẽtru]
kaneel (de/het)	canela (f)	[ka'nɛla]

sesamzaad (het)	gergelim (m)	[ʒerʒe'lĩ]
laurierblad (het)	folha (f) de louro	['foʎaʃ de 'loru]
paprika (de)	páprica (f)	['paprika]
komijn (de)	cominho (m)	[ko'miɲu]
saffraan (de)	açafrão (m)	[asa'frãw]

PERSOONLIJKE INFORMATIE. FAMILIE

58. Persoonlijke informatie. Formulieren

naam (de)	nome (m)	['nɔmi]
achternaam (de)	sobrenome (m)	[sobri'nɔmi]
geboortedatum (de)	data (f) de nascimento	['data de nasi'mẽtu]
geboorteplaats (de)	local (m) de nascimento	[lo'kaw de nasi'mẽtu]
nationaliteit (de)	nacionalidade (f)	[nasjonali'dadʒi]
woonplaats (de)	lugar (m) de residência	[lu'gar de hezi'dẽsja]
land (het)	país (m)	[pa'jis]
beroep (het)	profissão (f)	[profi'sãw]
geslacht (ov. het vrouwelijk ~)	sexo (m)	['sɛksu]
lengte (de)	estatura (f)	[ista'tura]
gewicht (het)	peso (m)	['pezu]

59. Familieleden. Verwanten

moeder (de)	mãe (f)	[mãj]
vader (de)	pai (m)	[paj]
zoon (de)	filho (m)	['fiʎu]
dochter (de)	filha (f)	['fiʎa]
jongste dochter (de)	caçula (f)	[ka'sula]
jongste zoon (de)	caçula (m)	[ka'sula]
oudste dochter (de)	filha (f) mais velha	['fiʎa majs 'vɛʎa]
oudste zoon (de)	filho (m) mais velho	['fiʎu majs 'vɛʎu]
broer (de)	irmão (m)	[ir'mãw]
oudere broer (de)	irmão (m) mais velho	[ir'mãw majs 'vɛʎu]
jongere broer (de)	irmão (m) mais novo	[ir'mãw majs 'novu]
zuster (de)	irmã (f)	[ir'mã]
oudere zuster (de)	irmã (f) mais velha	[ir'mã majs 'vɛʎa]
jongere zuster (de)	irmã (f) mais nova	[ir'mã majs 'nɔva]
neef (zoon van oom, tante)	primo (m)	['primu]
nicht (dochter van oom, tante)	prima (f)	['prima]
mama (de)	mamãe (f)	[ma'mãj]
papa (de)	papai (m)	[pa'paj]
ouders (mv.)	pais (pl)	['pajs]
kind (het)	criança (f)	['krjãsa]
kinderen (mv.)	crianças (f pl)	['krjãsas]
oma (de)	avó (f)	[a'vo]
opa (de)	avô (m)	[a'vɔ]

kleinzoon (de)	neto (m)	['nɛtu]
kleindochter (de)	neta (f)	['nɛta]
kleinkinderen (mv.)	netos (pl)	['nɛtus]

oom (de)	tio (m)	['tʃiu]
tante (de)	tia (f)	['tʃia]
neef (zoon van broer, zus)	sobrinho (m)	[so'briɲu]
nicht (dochter van broer, zus)	sobrinha (f)	[so'briɲa]

schoonmoeder (de)	sogra (f)	['sɔgra]
schoonvader (de)	sogro (m)	['sogru]
schoonzoon (de)	genro (m)	['ʒẽhu]
stiefmoeder (de)	madrasta (f)	[ma'drasta]
stiefvader (de)	padrasto (m)	[pa'drastu]

zuigeling (de)	criança (f) de colo	['krjãsa de 'kɔlu]
wiegenkind (het)	bebê (m)	[be'be]
kleuter (de)	menino (m)	[me'ninu]

vrouw (de)	mulher (f)	[mu'ʎer]
man (de)	marido (m)	[ma'ridu]
echtgenoot (de)	esposo (m)	[is'pozu]
echtgenote (de)	esposa (f)	[is'poza]

gehuwd (mann.)	casado	[ka'zadu]
gehuwd (vrouw.)	casada	[ka'zada]
ongehuwd (mann.)	solteiro	[sow'tejru]
vrijgezel (de)	solteirão (m)	[sowtej'rãw]
gescheiden (bn)	divorciado	[dʒivor'sjadu]
weduwe (de)	viúva (f)	['vjuva]
weduwnaar (de)	viúvo (m)	['vjuvu]

familielid (het)	parente (m)	[pa'rẽtʃi]
dichte familielid (het)	parente (m) próximo	[pa'rẽtʃi 'prɔsimu]
verre familielid (het)	parente (m) distante	[pa'rẽtʃi dʒis'tãtʃi]
familieleden (mv.)	parentes (m pl)	[pa'rẽtʃis]

voogd (de)	tutor (m)	[tu'tor]
adopteren (een jongen te ~)	adotar (vt)	[ado'tar]
adopteren (een meisje te ~)	adotar (vt)	[ado'tar]

60. Vrienden. Collega's

vriend (de)	amigo (m)	[a'migu]
vriendin (de)	amiga (f)	[a'miga]
vriendschap (de)	amizade (f)	[ami'zadʒi]
bevriend zijn (ww)	ser amigos	[ser a'migus]

makker (de)	amigo (m)	[a'migu]
vriendin (de)	amiga (f)	[a'miga]
partner (de)	parceiro (m)	[par'sejru]

| chef (de) | chefe (m) | ['ʃɛfi] |
| baas (de) | superior (m) | [supe'rjor] |

eigenaar (de)	proprietário (m)	[proprje'tarju]
ondergeschikte (de)	subordinado (m)	[subordʒi'nadu]
collega (de)	colega (m, f)	[ko'lɛga]
kennis (de)	conhecido (m)	[koɲe'sidu]
medereiziger (de)	companheiro (m) de viagem	[kõpa'ɲejru de 'vjaʒẽ]
klasgenoot (de)	colega (m) de classe	[ko'lɛga de 'klasi]
buurman (de)	vizinho (m)	[vi'ziɲu]
buurvrouw (de)	vizinha (f)	[vi'ziɲa]
buren (mv.)	vizinhos (pl)	[vi'ziɲus]

MENSELIJK LICHAAM. GENEESKUNDE

61. Hoofd

hoofd (het)	cabeça (f)	[ka'besa]
gezicht (het)	rosto, cara (f)	['hostu], ['kara]
neus (de)	nariz (m)	[na'riz]
mond (de)	boca (f)	['boka]
oog (het)	olho (m)	['oʎu]
ogen (mv.)	olhos (m pl)	['oʎus]
pupil (de)	pupila (f)	[pu'pila]
wenkbrauw (de)	sobrancelha (f)	[sobrã'seʎa]
wimper (de)	cílio (f)	['silju]
ooglid (het)	pálpebra (f)	['pawpebra]
tong (de)	língua (f)	['lĩgwa]
tand (de)	dente (m)	['dẽtʃi]
lippen (mv.)	lábios (m pl)	['labjus]
jukbeenderen (mv.)	maçãs (f pl) do rosto	[ma'sãs du 'hostu]
tandvlees (het)	gengiva (f)	[ʒẽ'ʒiva]
gehemelte (het)	palato (m)	[pa'latu]
neusgaten (mv.)	narinas (f pl)	[na'rinas]
kin (de)	queixo (m)	['kejʃu]
kaak (de)	mandíbula (f)	[mã'dʒibula]
wang (de)	bochecha (f)	[bo'ʃeʃa]
voorhoofd (het)	testa (f)	['tɛsta]
slaap (de)	têmpora (f)	['tẽpora]
oor (het)	orelha (f)	[o'reʎa]
achterhoofd (het)	costas (f pl) da cabeça	['kostas da ka'besa]
hals (de)	pescoço (m)	[pes'kosu]
keel (de)	garganta (f)	[gar'gãta]
haren (mv.)	cabelo (m)	[ka'belu]
kapsel (het)	penteado (m)	[pẽ'tʃjadu]
haarsnit (de)	corte (m) de cabelo	['kortʃi de ka'belu]
pruik (de)	peruca (f)	[pe'ruka]
snor (de)	bigode (m)	[bi'godʒi]
baard (de)	barba (f)	['barba]
dragen (een baard, enz.)	ter (vt)	[ter]
vlecht (de)	trança (f)	['trãsa]
bakkebaarden (mv.)	suíças (f pl)	['swisas]
ros (roodachtig, rossig)	ruivo	['hwivu]
grijs (~ haar)	grisalho	[gri'zaʎu]
kaal (bn)	careca	[ka'rɛka]
kale plek (de)	calva (f)	['kawvu]

| paardenstaart (de) | rabo-de-cavalo (m) | ['habu-de-ka'valu] |
| pony (de) | franja (f) | ['frãʒa] |

62. Menselijk lichaam

| hand (de) | mão (f) | [mãw] |
| arm (de) | braço (m) | ['brasu] |

vinger (de)	dedo (m)	['dedu]
teen (de)	dedo (m) do pé	['dedu du pɛ]
duim (de)	polegar (m)	[pole'gar]
pink (de)	dedo (m) mindinho	['dedu mĩ'dʒiɲu]
nagel (de)	unha (f)	['uɲa]

vuist (de)	punho (m)	['puɲu]
handpalm (de)	palma (f)	['pawma]
pols (de)	pulso (m)	['puwsu]
voorarm (de)	antebraço (m)	[ãtʃi'brasu]
elleboog (de)	cotovelo (m)	[koto'velu]
schouder (de)	ombro (m)	['õbru]

been (rechter ~)	perna (f)	['pɛrna]
voet (de)	pé (m)	[pɛ]
knie (de)	joelho (m)	[ʒo'eʎu]
kuit (de)	panturrilha (f)	[pãtu'hiʎa]
heup (de)	quadril (m)	[kwa'driw]
hiel (de)	calcanhar (m)	[kawka'ɲar]

lichaam (het)	corpo (m)	['korpu]
buik (de)	barriga (f), ventre (m)	[ba'higa], ['vẽtri]
borst (de)	peito (m)	['pejtu]
borst (de)	seio (m)	['seju]
zijde (de)	lado (m)	['ladu]
rug (de)	costas (f pl)	['kɔstas]
lage rug (de)	região (f) lombar	[he'ʒjãw lõ'bar]
taille (de)	cintura (f)	[sĩ'tura]

navel (de)	umbigo (m)	[ũ'bigu]
billen (mv.)	nádegas (f pl)	['nadegas]
achterwerk (het)	traseiro (m)	[tra'zejru]

huidvlek (de)	sinal (m), pinta (f)	[si'naw], ['pĩta]
moedervlek (de)	sinal (m) de nascença	[si'naw de na'sẽsa]
tatoeage (de)	tatuagem (f)	[ta'twaʒẽ]
litteken (het)	cicatriz (f)	[sika'triz]

63. Ziekten

ziekte (de)	doença (f)	[do'ẽsa]
ziek zijn (ww)	estar doente	[is'tar do'ẽtʃi]
gezondheid (de)	saúde (f)	[sa'udʒi]
snotneus (de)	nariz (m) escorrendo	[na'riz isko'hẽdu]

angina (de)	amigdalite (f)	[amigda'litʃi]
verkoudheid (de)	resfriado (m)	[hes'frjadu]
verkouden raken (ww)	ficar resfriado	[fi'kar hes'frjadu]

bronchitis (de)	bronquite (f)	[brõ'kitʃi]
longontsteking (de)	pneumonia (f)	[pnewmo'nia]
griep (de)	gripe (f)	['gripi]

bijziend (bn)	míope	['miopi]
verziend (bn)	presbita	[pres'bita]
scheelheid (de)	estrabismo (m)	[istra'bizmu]
scheel (bn)	estrábico, vesgo	[is'trabiku], ['vezgu]
grauwe staar (de)	catarata (f)	[kata'rata]
glaucoom (het)	glaucoma (m)	[glaw'koma]

beroerte (de)	AVC (m), apoplexia (f)	[ave'se], [apople'ksia]
hartinfarct (het)	ataque (m) cardíaco	[a'taki kar'dʒiaku]
myocardiaal infarct (het)	enfarte (m) do miocárdio	[ẽ'fartʃi du mjo'kardʒiu]
verlamming (de)	paralisia (f)	[parali'zia]
verlammen (ww)	paralisar (vt)	[parali'zar]

allergie (de)	alergia (f)	[aler'ʒia]
astma (de/het)	asma (f)	['azma]
diabetes (de)	diabetes (f)	[dʒja'bɛtʃis]

| tandpijn (de) | dor (f) de dente | [dor de 'dẽtʃi] |
| tandbederf (het) | cárie (f) | ['kari] |

diarree (de)	diarreia (f)	[dʒja'hɛja]
constipatie (de)	prisão (f) de ventre	[pri'zãw de 'vẽtri]
maagstoornis (de)	desarranjo (m) intestinal	[dʒiza'hãʒu ĩtestʃi'naw]
voedselvergiftiging (de)	intoxicação (f) alimentar	[ĩtoksika'sãw alimẽ'tar]
voedselvergiftiging oplopen	intoxicar-se	[ĩtoksi'karsi]

artritis (de)	artrite (f)	[ar'tritʃi]
rachitis (de)	raquitismo (m)	[haki'tʃizmu]
reuma (het)	reumatismo (m)	[hewma'tʃizmu]
arteriosclerose (de)	arteriosclerose (f)	[arterjoskle'rɔzi]

gastritis (de)	gastrite (f)	[gas'tritʃi]
blindedarmontsteking (de)	apendicite (f)	[apẽdʒi'sitʃi]
galblaasontsteking (de)	colecistite (f)	[kulesi'stʃitʃi]
zweer (de)	úlcera (f)	['uwsera]

mazelen (mv.)	sarampo (m)	[sa'rãpu]
rodehond (de)	rubéola (f)	[hu'bɛola]
geelzucht (de)	icterícia (f)	[ikte'risja]
leverontsteking (de)	hepatite (f)	[epa'tʃitʃi]

schizofrenie (de)	esquizofrenia (f)	[iskizofre'nia]
dolheid (de)	raiva (f)	['hajva]
neurose (de)	neurose (f)	[new'rɔzi]
hersenschudding (de)	contusão (f) cerebral	[kõtu'zãw sere'braw]

| kanker (de) | câncer (m) | ['kãser] |
| sclerose (de) | esclerose (f) | [iskle'rɔzi] |

multiple sclerose (de)	esclerose (f) múltipla	[iskle'rozi 'muwtʃipla]
alcoholisme (het)	alcoolismo (m)	[awko'lizmu]
alcoholicus (de)	alcoólico (m)	[aw'koliku]
syfilis (de)	sífilis (f)	['sifilis]
AIDS (de)	AIDS (f)	['ajdʒs]

tumor (de)	tumor (m)	[tu'mor]
kwaadaardig (bn)	maligno	[ma'lignu]
goedaardig (bn)	benigno	[be'nignu]

koorts (de)	febre (f)	['fɛbri]
malaria (de)	malária (f)	[ma'larja]
gangreen (het)	gangrena (f)	[gã'grena]
zeeziekte (de)	enjoo (m)	[ẽ'ʒou]
epilepsie (de)	epilepsia (f)	[epile'psia]

epidemie (de)	epidemia (f)	[epide'mia]
tyfus (de)	tifo (m)	['tʃifu]
tuberculose (de)	tuberculose (f)	[tuberku'lɔzi]
cholera (de)	cólera (f)	['kɔlera]
pest (de)	peste (f) bubônica	['pɛstʃi bu'bonika]

64. Symptomen. Behandelingen. Deel 1

symptoom (het)	sintoma (m)	[sĩ'tɔma]
temperatuur (de)	temperatura (f)	[tẽpera'tura]
verhoogde temperatuur (de)	febre (f)	['fɛbri]
polsslag (de)	pulso (m)	['puwsu]

duizeling (de)	vertigem (f)	[ver'tʃiʒẽ]
heet (erg warm)	quente	['kẽtʃi]
koude rillingen (mv.)	calafrio (m)	[kala'friu]
bleek (bn)	pálido	['palidu]

hoest (de)	tosse (f)	['tɔsi]
hoesten (ww)	tossir (vi)	[to'sir]
niezen (ww)	espirrar (vi)	[ispi'har]
flauwte (de)	desmaio (m)	[dʒiz'maju]
flauwvallen (ww)	desmaiar (vi)	[dʒizma'jar]

blauwe plek (de)	mancha (f) preta	['mãʃa 'preta]
buil (de)	galo (m)	['galu]
zich stoten (ww)	machucar-se (vr)	[maʃu'karsi]
kneuzing (de)	contusão (f)	[kõtu'zãw]
kneuzen (gekneusd zijn)	machucar-se (vr)	[maʃu'karsi]

hinken (ww)	mancar (vi)	[mã'kar]
verstuiking (de)	deslocamento (f)	[dʒizloka'mẽtu]
verstuiken (enkel, enz.)	deslocar (vt)	[dʒizlo'kar]
breuk (de)	fratura (f)	[fra'tura]
een breuk oplopen	fraturar (vt)	[fratu'rar]

| snijwond (de) | corte (m) | ['kɔrtʃi] |
| zich snijden (ww) | cortar-se (vr) | [kor'tarsi] |

bloeding (de)	hemorragia (f)	[emoha'ʒia]
brandwond (de)	queimadura (f)	[kejma'dura]
zich branden (ww)	queimar-se (vr)	[kej'marsi]

prikken (ww)	picar (vt)	[pi'kar]
zich prikken (ww)	picar-se (vr)	[pi'karsi]
blesseren (ww)	lesionar (vt)	[lezjo'nar]
blessure (letsel)	lesão (m)	[le'zãw]
wond (de)	ferida (f), ferimento (m)	[fe'rida], [feri'mẽtu]
trauma (het)	trauma (m)	['trawma]

ijlen (ww)	delirar (vi)	[deli'rar]
stotteren (ww)	gaguejar (vi)	[gage'ʒar]
zonnesteek (de)	insolação (f)	[insola'sãw]

65. Symptomen. Behandelingen. Deel 2

| pijn (de) | dor (f) | [dor] |
| splinter (de) | farpa (f) | ['farpa] |

zweet (het)	suor (m)	[swɔr]
zweten (ww)	suar (vi)	[swar]
braking (de)	vômito (m)	['vomitu]
stuiptrekkingen (mv.)	convulsões (f pl)	[kõvuw'sõjs]

zwanger (bn)	grávida	['gravida]
geboren worden (ww)	nascer (vi)	[na'ser]
geboorte (de)	parto (m)	['partu]
baren (ww)	dar à luz	[dar a luz]
abortus (de)	aborto (m)	[a'bortu]

ademhaling (de)	respiração (f)	[hespira'sãw]
inademing (de)	inspiração (f)	[ĩspira'sãw]
uitademing (de)	expiração (f)	[ispira'sãw]
uitademen (ww)	expirar (vi)	[ispi'rar]
inademen (ww)	inspirar (vi)	[ĩspi'rar]

invalide (de)	inválido (m)	[ĩ'validu]
gehandicapte (de)	aleijado (m)	[alej'ʒadu]
drugsverslaafde (de)	drogado (m)	[dro'gadu]

doof (bn)	surdo	['surdu]
stom (bn)	mudo	['mudu]
doofstom (bn)	surdo-mudo	['surdu-'mudu]

krankzinnig (bn)	louco, insano	['loku], [ĩ'sanu]
krankzinnige (man)	louco (m)	['loku]
krankzinnige (vrouw)	louca (f)	['loka]
krankzinnig worden	ficar louco	[fi'kar 'loku]

gen (het)	gene (m)	['ʒɛni]
immuniteit (de)	imunidade (f)	[imuni'dadʒi]
erfelijk (bn)	hereditário	[eredʒi'tarju]
aangeboren (bn)	congênito	[kõ'ʒenitu]

virus (het)	vírus (m)	['virus]
microbe (de)	micróbio (m)	[mi'krɔbju]
bacterie (de)	bactéria (f)	[bak'tɛrja]
infectie (de)	infecção (f)	[ĩfek'sãw]

66. Symptomen. Behandelingen. Deel 3

| ziekenhuis (het) | hospital (m) | [ospi'taw] |
| patiënt (de) | paciente (m) | [pa'sjẽtʃi] |

diagnose (de)	diagnóstico (m)	[dʒjag'nɔstʃiku]
genezing (de)	cura (f)	['kura]
medische behandeling (de)	tratamento (m) médico	[trata'mẽtu 'mɛdʒiku]
onder behandeling zijn	curar-se (vr)	[ku'rarsi]
behandelen (ww)	tratar (vt)	[tra'tar]
zorgen (zieken ~)	cuidar (vt)	[kwi'dar]
ziekenzorg (de)	cuidado (m)	[kwi'dadu]

operatie (de)	operação (f)	[opera'sãw]
verbinden (een arm ~)	enfaixar (vt)	[ẽfaj'ʃar]
verband (het)	enfaixamento (m)	[bã'daʒãj]

vaccin (het)	vacinação (f)	[vasina'sãw]
inenten (vaccineren)	vacinar (vt)	[vasi'nar]
injectie (de)	injeção (f)	[inʒe'sãw]
een injectie geven	dar uma injeção	[dar 'uma inʒe'sãw]

aanval (de)	ataque (m)	[a'taki]
amputatie (de)	amputação (f)	[ãputa'sãw]
amputeren (ww)	amputar (vt)	[ãpu'tar]
coma (het)	coma (f)	['kɔma]
in coma liggen	estar em coma	[is'tar ẽ 'kɔma]
intensieve zorg, ICU (de)	reanimação (f)	[hianima'sãw]

zich herstellen (ww)	recuperar-se (vr)	[hekupe'rarsi]
toestand (de)	estado (m)	[i'stadu]
bewustzijn (het)	consciência (f)	[kõ'sjẽsja]
geheugen (het)	memória (f)	[me'mɔrja]

trekken (een kies ~)	tirar (vt)	[tʃi'rar]
vulling (de)	obturação (f)	[obitura'sãw]
vullen (ww)	obturar (vt)	[obitu'rar]

| hypnose (de) | hipnose (f) | [ip'nɔzi] |
| hypnotiseren (ww) | hipnotizar (vt) | [ipnotʃi'zar] |

67. Geneeskunde. Medicijnen. Accessoires

geneesmiddel (het)	medicamento (m)	[medʒika'mẽtu]
middel (het)	remédio (m)	[he'mɛdʒju]
voorschrijven (ww)	receitar (vt)	[hesej'tar]
recept (het)	receita (f)	[he'sejta]

tablet (de/het)	comprimido (m)	[kõpri'midu]
zalf (de)	unguento (m)	[ũ'gwẽtu]
ampul (de)	ampola (f)	[ã'pɔla]
drank (de)	solução, preparado (m)	[solu'sãw], [prepa'radu]
siroop (de)	xarope (m)	[ʃa'rɔpi]
pil (de)	cápsula (f)	['kapsula]
poeder (de/het)	pó (m)	[pɔ]

verband (het)	atadura (f)	[ata'dura]
watten (mv.)	algodão (m)	[awgo'dãw]
jodium (het)	iodo (m)	['jodu]

pleister (de)	curativo (m) adesivo	[kura'tivu ade'zivu]
pipet (de)	conta-gotas (m)	['kõta 'gotas]
thermometer (de)	termômetro (m)	[ter'mometru]
spuit (de)	seringa (f)	[se'rĩga]

rolstoel (de)	cadeira (f) de rodas	[ka'dejra de 'hɔdas]
krukken (mv.)	muletas (f pl)	[mu'letas]

pijnstiller (de)	analgésico (m)	[anaw'ʒɛziku]
laxeermiddel (het)	laxante (m)	[la'ʃãtʃi]
spiritus (de)	álcool (m)	['awkɔw]
medicinale kruiden (mv.)	ervas (f pl) medicinais	['ɛrvas medʒisi'najs]
kruiden- (abn)	de ervas	[de 'ɛrvas]

APPARTEMENT

68. Appartement

appartement (het)	apartamento (m)	[aparta'mẽtu]
kamer (de)	quarto, cômodo (m)	['kwartu], ['komodu]
slaapkamer (de)	quarto (m) de dormir	['kwartu de dor'mir]
eetkamer (de)	sala (f) de jantar	['sala de ʒã'tar]
salon (de)	sala (f) de estar	['sala de is'tar]
studeerkamer (de)	escritório (m)	[iskri'tɔrju]
gang (de)	sala (f) de entrada	['sala de ẽ'trada]
badkamer (de)	banheiro (m)	[ba'ɲejru]
toilet (het)	lavabo (m)	[la'vabu]
plafond (het)	teto (m)	['tɛtu]
vloer (de)	chão, piso (m)	['ʃãw], ['pizu]
hoek (de)	canto (m)	['kãtu]

69. Meubels. Interieur

meubels (mv.)	mobiliário (m)	[mobi'ljarju]
tafel (de)	mesa (f)	['meza]
stoel (de)	cadeira (f)	[ka'dejra]
bed (het)	cama (f)	['kama]
bankstel (het)	sofá, divã (m)	[so'fa], [dʒi'vã]
fauteuil (de)	poltrona (f)	[pow'trɔna]
boekenkast (de)	estante (f)	[is'tãtʃi]
boekenrek (het)	prateleira (f)	[prate'lejra]
kledingkast (de)	guarda-roupas (m)	['gwarda 'hopa]
kapstok (de)	cabide (m) de parede	[ka'bidʒi de pa'redʒi]
staande kapstok (de)	cabideiro (m) de pé	[kabi'dejru de pɛ]
commode (de)	cômoda (f)	['komoda]
salontafeltje (het)	mesinha (f) de centro	[me'ziɲa de 'sẽtru]
spiegel (de)	espelho (m)	[is'peʎu]
tapijt (het)	tapete (m)	[ta'petʃi]
tapijtje (het)	tapete (m)	[ta'petʃi]
haard (de)	lareira (f)	[la'rejra]
kaars (de)	vela (f)	['vɛla]
kandelaar (de)	castiçal (m)	[kastʃi'saw]
gordijnen (mv.)	cortinas (f pl)	[kor'tʃinas]
behang (het)	papel (m) de parede	[pa'pɛw de pa'redʒi]

jaloezie (de)	persianas (f pl)	[per'sjanas]
bureaulamp (de)	luminária (f) de mesa	[lumi'narja de 'meza]
wandlamp (de)	luminária (f) de parede	[lumi'narja de pa'redʒi]
staande lamp (de)	abajur (m) de pé	[aba'ʒur de 'pɛ]
luchter (de)	lustre (m)	['lustri]

poot (ov. een tafel, enz.)	pé (m)	[pɛ]
armleuning (de)	braço, descanso (m)	['brasu], [dʒis'kãsu]
rugleuning (de)	costas (f pl)	['kɔstas]
la (de)	gaveta (f)	[ga'veta]

70. Beddengoed

beddengoed (het)	roupa (f) de cama	['hopa de 'kama]
kussen (het)	travesseiro (m)	[trave'sejru]
kussenovertrek (de)	fronha (f)	['froɲa]
deken (de)	cobertor (m)	[kuber'tor]
laken (het)	lençol (m)	[lẽ'sɔw]
sprei (de)	colcha (f)	['kowʃa]

71. Keuken

keuken (de)	cozinha (f)	[ko'ziɲa]
gas (het)	gás (m)	[gajs]
gasfornuis (het)	fogão (m) a gás	[fo'gãw a gajs]
elektrisch fornuis (het)	fogão (m) elétrico	[fo'gãw e'lɛtriku]
oven (de)	forno (m)	['fornu]
magnetronoven (de)	forno (m) de micro-ondas	['fornu de mikro'õdas]

koelkast (de)	geladeira (f)	[ʒela'dejra]
diepvriezer (de)	congelador (m)	[kõʒela'dor]
vaatwasmachine (de)	máquina (f) de lavar louça	['makina de la'var 'losa]

vleesmolen (de)	moedor (m) de carne	[moe'dor de 'karni]
vruchtenpers (de)	espremedor (m)	[ispreme'dor]
toaster (de)	torradeira (f)	[toha'dejra]
mixer (de)	batedeira (f)	[bate'dejra]

koffiemachine (de)	máquina (f) de café	['makina de ka'fɛ]
koffiepot (de)	cafeteira (f)	[kafe'tejra]
koffiemolen (de)	moedor (m) de café	[moe'dor de ka'fɛ]

fluitketel (de)	chaleira (f)	[ʃa'lejra]
theepot (de)	bule (m)	['buli]
deksel (de/het)	tampa (f)	['tãpa]
theezeefje (het)	coador (m) de chá	[koa'dor de ʃa]

lepel (de)	colher (f)	[ko'ʎer]
theelepeltje (het)	colher (f) de chá	[ko'ʎer de ʃa]
eetlepel (de)	colher (f) de sopa	[ko'ʎer de 'sopa]
vork (de)	garfo (m)	['garfu]
mes (het)	faca (f)	['faka]

vaatwerk (het)	louça (f)	['losa]
bord (het)	prato (m)	['pratu]
schoteltje (het)	pires (m)	['piris]

likeurglas (het)	cálice (m)	['kalisi]
glas (het)	copo (m)	['kɔpu]
kopje (het)	xícara (f)	['ʃikara]

suikerpot (de)	açucareiro (m)	[asuka'rejru]
zoutvat (het)	saleiro (m)	[sa'lejru]
pepervat (het)	pimenteiro (m)	[pimẽ'tejru]
boterschaaltje (het)	manteigueira (f)	[mãtej'gejra]

pan (de)	panela (f)	[pa'nɛla]
bakpan (de)	frigideira (f)	[friʒi'dejra]
pollepel (de)	concha (f)	['kõʃa]
vergiet (de/het)	coador (m)	[koa'dor]
dienblad (het)	bandeja (f)	[bã'deʒa]

fles (de)	garrafa (f)	[ga'hafa]
glazen pot (de)	pote (m) de vidro	['pɔtʃi de 'vidru]
blik (conserven~)	lata (f)	['lata]

flesopener (de)	abridor (m) de garrafa	[abri'dor de ga'hafa]
blikopener (de)	abridor (m) de latas	[abri'dor de 'latas]
kurkentrekker (de)	saca-rolhas (m)	['saka-'hoʎas]
filter (de/het)	filtro (m)	['fiwtru]
filteren (ww)	filtrar (vt)	[fiw'trar]

huisvuil (het)	lixo (m)	['liʃu]
vuilnisemmer (de)	lixeira (f)	[li'ʃejra]

72. Badkamer

badkamer (de)	banheiro (m)	[ba'ɲejru]
water (het)	água (f)	['agwa]
kraan (de)	torneira (f)	[tor'nejra]
warm water (het)	água (f) quente	['agwa 'kẽtʃi]
koud water (het)	água (f) fria	['agwa 'fria]

tandpasta (de)	pasta (f) de dente	['pasta de 'dẽtʃi]
tanden poetsen (ww)	escovar os dentes	[isko'var us 'dẽtʃis]
tandenborstel (de)	escova (f) de dente	[is'kova de 'dẽtʃi]

zich scheren (ww)	barbear-se (vr)	[bar'bjarsi]
scheercrème (de)	espuma (f) de barbear	[is'puma de bar'bjar]
scheermes (het)	gilete (f)	[ʒi'lɛtʃi]

wassen (ww)	lavar (vt)	[la'var]
een bad nemen	tomar banho	[to'mar baɲu]
douche (de)	chuveiro (m), ducha (f)	[ʃu'vejru], ['duʃa]
een douche nemen	tomar uma ducha	[to'mar 'uma 'duʃa]
bad (het)	banheira (f)	[ba'ɲejra]
toiletpot (de)	vaso (m) sanitário	['vazu sani'tarju]

wastafel (de)	**pia** (f)	['pia]
zeep (de)	**sabonete** (m)	[sabo'netʃi]
zeepbakje (het)	**saboneteira** (f)	[sabone'tejra]

spons (de)	**esponja** (f)	[is'põʒa]
shampoo (de)	**xampu** (m)	[ʃã'pu]
handdoek (de)	**toalha** (f)	[to'aʎa]
badjas (de)	**roupão** (m) **de banho**	[ho'pãw de 'baɲu]

was (bijv. handwas)	**lavagem** (f)	[la'vaʒẽ]
wasmachine (de)	**lavadora** (f) **de roupas**	[lava'dora de 'hopas]
de was doen	**lavar a roupa**	[la'var a 'hopa]
waspoeder (de)	**detergente** (m)	[deter'ʒẽtʃi]

73. Huishoudelijke apparaten

televisie (de)	**televisor** (m)	[televi'zor]
cassettespeler (de)	**gravador** (m)	[grava'dor]
videorecorder (de)	**videogravador** (m)	['vidʒju·grava'dor]
radio (de)	**rádio** (m)	['hadʒju]
speler (de)	**leitor** (m)	[lej'tor]

videoprojector (de)	**projetor** (m)	[proʒe'tor]
home theater systeem (het)	**cinema** (m) **em casa**	[si'nɛma ẽ 'kaza]
DVD-speler (de)	**DVD Player** (m)	[deve'de 'plejer]
versterker (de)	**amplificador** (m)	[ãplifika'dor]
spelconsole (de)	**console** (f) **de jogos**	[kõ'sɔli de 'ʒogus]

videocamera (de)	**câmera** (f) **de vídeo**	['kamera de 'vidʒju]
fotocamera (de)	**máquina** (f) **fotográfica**	['makina foto'grafika]
digitale camera (de)	**câmera** (f) **digital**	['kamera dʒiʒi'taw]

stofzuiger (de)	**aspirador** (m)	[aspira'dor]
strijkijzer (het)	**ferro** (m) **de passar**	['fɛhu de pa'sar]
strijkplank (de)	**tábua** (f) **de passar**	['tabwa de pa'sar]

telefoon (de)	**telefone** (m)	[tele'foni]
mobieltje (het)	**celular** (m)	[selu'lar]
schrijfmachine (de)	**máquina** (f) **de escrever**	['makina de iskre'ver]
naaimachine (de)	**máquina** (f) **de costura**	['makina de kos'tura]

microfoon (de)	**microfone** (m)	[mikro'foni]
koptelefoon (de)	**fone** (m) **de ouvido**	['foni de o'vidu]
afstandsbediening (de)	**controle remoto** (m)	[kõ'troli he'mɔtu]

CD (de)	**CD** (m)	['sede]
cassette (de)	**fita** (f) **cassete**	['fita ka'sɛtʃi]
vinylplaat (de)	**disco** (m) **de vinil**	['dʒisku de vi'niw]

DE AARDE. WEER

74. De kosmische ruimte

kosmos (de)	espaço, cosmo (m)	[is'pasu], ['kɔzmu]
kosmisch (bn)	espacial, cósmico	[ispa'sjaw], ['kɔzmiku]
kosmische ruimte (de)	espaço (m) cósmico	[is'pasu 'kɔzmiku]
wereld (de)	mundo (m)	['mũdu]
heelal (het)	universo (m)	[uni'vɛrsu]
sterrenstelsel (het)	galáxia (f)	[ga'laksja]
ster (de)	estrela (f)	[is'trela]
sterrenbeeld (het)	constelação (f)	[kõstela'sãw]
planeet (de)	planeta (m)	[pla'neta]
satelliet (de)	satélite (m)	[sa'tɛlitʃi]
meteoriet (de)	meteorito (m)	[meteo'ritu]
komeet (de)	cometa (m)	[ko'meta]
asteroïde (de)	asteroide (m)	[aste'rɔjdʒi]
baan (de)	órbita (f)	['ɔrbita]
draaien (om de zon, enz.)	girar (vi)	[ʒi'rar]
atmosfeer (de)	atmosfera (f)	[atmos'fɛra]
Zon (de)	Sol (m)	[sɔw]
zonnestelsel (het)	Sistema (m) Solar	[sis'tɛma so'lar]
zonsverduistering (de)	eclipse (m) solar	[e'klipsi so'lar]
Aarde (de)	Terra (f)	['tɛha]
Maan (de)	Lua (f)	['lua]
Mars (de)	Marte (m)	['martʃi]
Venus (de)	Vênus (f)	['venus]
Jupiter (de)	Júpiter (m)	['ʒupiter]
Saturnus (de)	Saturno (m)	[sa'turnu]
Mercurius (de)	Mercúrio (m)	[mer'kurju]
Uranus (de)	Urano (m)	[u'ranu]
Neptunus (de)	Netuno (m)	[ne'tunu]
Pluto (de)	Plutão (m)	[plu'tãw]
Melkweg (de)	Via Láctea (f)	['via 'laktja]
Grote Beer (de)	Ursa Maior (f)	[ursa ma'jɔr]
Poolster (de)	Estrela Polar (f)	[is'trela po'lar]
marsmannetje (het)	marciano (m)	[mar'sjanu]
buitenaards wezen (het)	extraterrestre (m)	[estrate'hɛstri]
bovenaards (het)	alienígena (m)	[alje'niʒena]
vliegende schotel (de)	disco (m) voador	['dʒisku vwa'dor]

ruimtevaartuig (het)	nave (f) espacial	['navi ispa'sjaw]
ruimtestation (het)	estação (f) orbital	[eʃta'sãw orbi'taw]
start (de)	lançamento (m)	[lãsa'mẽtu]

motor (de)	motor (m)	[mo'tor]
straalpijp (de)	bocal (m)	[bo'kaw]
brandstof (de)	combustível (m)	[kõbus'tʃivew]

cabine (de)	cabine (f)	[ka'bini]
antenne (de)	antena (f)	[ã'tɛna]
patrijspoort (de)	vigia (f)	[vi'ʒia]
zonnebatterij (de)	bateria (f) solar	[bate'ria so'lar]
ruimtepak (het)	traje (m) espacial	['traʒi ispa'sjaw]

gewichtloosheid (de)	imponderabilidade (f)	[ĩpõderabili'dadʒi]
zuurstof (de)	oxigênio (m)	[oksi'ʒenju]

koppeling (de)	acoplagem (f)	[ako'plaʒẽ]
koppeling maken	fazer uma acoplagem	[fa'zer 'uma ako'plaʒẽ]

observatorium (het)	observatório (m)	[observa'tɔrju]
telescoop (de)	telescópio (m)	[tele'skɔpju]
waarnemen (ww)	observar (vt)	[obser'var]
exploreren (ww)	explorar (vt)	[isplo'rar]

75. De Aarde

Aarde (de)	Terra (f)	['tɛha]
aardbol (de)	globo (m) terrestre	['globu te'hɛstri]
planeet (de)	planeta (m)	[pla'neta]

atmosfeer (de)	atmosfera (f)	[atmos'fɛra]
aardrijkskunde (de)	geografia (f)	[ʒeogra'fia]
natuur (de)	natureza (f)	[natu'reza]

wereldbol (de)	globo (m)	['globu]
kaart (de)	mapa (m)	['mapa]
atlas (de)	atlas (m)	['atlas]

Europa (het)	Europa (f)	[ew'rɔpa]
Azië (het)	Ásia (f)	['azja]

Afrika (het)	África (f)	['afrika]
Australië (het)	Austrália (f)	[aws'tralja]

Amerika (het)	América (f)	[a'mɛrika]
Noord-Amerika (het)	América (f) do Norte	[a'mɛrika du 'nɔrtʃi]
Zuid-Amerika (het)	América (f) do Sul	[a'mɛrika du suw]

Antarctica (het)	Antártida (f)	[ã'tartʃida]
Arctis (de)	Ártico (m)	['artʃiku]

76. Windrichtingen

noorden (het)	norte (m)	['nɔrtʃi]
naar het noorden	para norte	['para 'nɔrtʃi]
in het noorden	no norte	[nu 'nɔrtʃi]
noordelijk (bn)	do norte	[du 'nɔrtʃi]

zuiden (het)	sul (m)	[suw]
naar het zuiden	para sul	['para suw]
in het zuiden	no sul	[nu suw]
zuidelijk (bn)	do sul	[du suw]

westen (het)	oeste, ocidente (m)	['wɛstʃi], [osi'dẽtʃi]
naar het westen	para oeste	['para 'wɛstʃi]
in het westen	no oeste	[nu 'wɛstʃi]
westelijk (bn)	ocidental	[osidẽ'taw]

oosten (het)	leste, oriente (m)	['lɛstʃi], [o'rjẽtʃi]
naar het oosten	para leste	['para 'lɛstʃi]
in het oosten	no leste	[nu 'lɛstʃi]
oostelijk (bn)	oriental	[orjẽ'taw]

77. Zee. Oceaan

zee (de)	mar (m)	[mah]
oceaan (de)	oceano (m)	[o'sjanu]
golf (baai)	golfo (m)	['gowfu]
straat (de)	estreito (m)	[is'trejtu]

grond (vaste grond)	terra (f) firme	['tɛha 'firmi]
continent (het)	continente (m)	[kõtʃi'nẽtʃi]
eiland (het)	ilha (f)	['iʎa]
schiereiland (het)	península (f)	[pe'nĩsula]
archipel (de)	arquipélago (m)	[arki'pɛlagu]

baai, bocht (de)	baía (f)	[ba'ia]
haven (de)	porto (m)	['portu]
lagune (de)	lagoa (f)	[la'goa]
kaap (de)	cabo (m)	['kabu]

atol (de)	atol (m)	[a'tɔw]
rif (het)	recife (m)	[he'sifi]
koraal (het)	coral (m)	[ko'raw]
koraalrif (het)	recife (m) de coral	[he'sifi de ko'raw]

diep (bn)	profundo	[pro'fũdu]
diepte (de)	profundidade (f)	[profũdʒi'dadʒi]
diepzee (de)	abismo (m)	[a'bizmu]
trog (bijv. Marianentrog)	fossa (f) oceânica	['fɔsa o'sjanika]

stroming (de)	corrente (f)	[ko'hẽtʃi]
omspoelen (ww)	banhar (vt)	[ba'ɲar]
oever (de)	litoral (m)	lito'raw]

kust (de)	costa (f)	['kɔsta]
vloed (de)	maré (f) alta	[ma'rɛ 'awta]
eb (de)	refluxo (m)	[he'fluksu]
ondiepte (ondiep water)	restinga (f)	[hes'tʃĩga]
bodem (de)	fundo (m)	['fũdu]

golf (hoge ~)	onda (f)	['õda]
golfkam (de)	crista (f) da onda	['krista da 'õda]
schuim (het)	espuma (f)	[is'puma]

storm (de)	tempestade (f)	[tẽpes'tadʒi]
orkaan (de)	furacão (m)	[fura'kãw]
tsunami (de)	tsunami (m)	[tsu'nami]
windstilte (de)	calmaria (f)	[kawma'ria]
kalm (bijv. ~e zee)	calmo	['kawmu]

| pool (de) | polo (m) | ['pɔlu] |
| polair (bn) | polar | [po'lar] |

breedtegraad (de)	latitude (f)	[latʃi'tudʒi]
lengtegraad (de)	longitude (f)	[lõʒi'tudʒi]
parallel (de)	paralela (f)	[para'lɛla]
evenaar (de)	equador (m)	[ekwa'dor]

hemel (de)	céu (m)	[sɛw]
horizon (de)	horizonte (m)	[ori'zõtʃi]
lucht (de)	ar (m)	[ar]

vuurtoren (de)	farol (m)	[fa'rɔw]
duiken (ww)	mergulhar (vi)	[mergu'ʎar]
zinken (ov. een boot)	afundar-se (vr)	[afũ'darse]
schatten (mv.)	tesouros (m pl)	[te'zorus]

78. Namen van zeeën en oceanen

Atlantische Oceaan (de)	Oceano (m) Atlântico	[o'sjanu at'lãtʃiku]
Indische Oceaan (de)	Oceano (m) Índico	[o'sjanu 'ĩdiku]
Stille Oceaan (de)	Oceano (m) Pacífico	[o'sjanu pa'sifiku]
Noordelijke IJszee (de)	Oceano (m) Ártico	[o'sjanu 'artʃiku]

Zwarte Zee (de)	Mar (m) Negro	[mah 'negru]
Rode Zee (de)	Mar (m) Vermelho	[mah ver'meʎu]
Gele Zee (de)	Mar (m) Amarelo	[mah ama'rɛlu]
Witte Zee (de)	Mar (m) Branco	[mah 'brãku]

Kaspische Zee (de)	Mar (m) Cáspio	[mah 'kaspju]
Dode Zee (de)	Mar (m) Morto	[mah 'mortu]
Middellandse Zee (de)	Mar (m) Mediterrâneo	[mah medʒite'hanju]

| Egeïsche Zee (de) | Mar (m) Egeu | [mah e'ʒew] |
| Adriatische Zee (de) | Mar (m) Adriático | [mah a'drjatʃiku] |

| Arabische Zee (de) | Mar (m) Arábico | [mah a'rabiku] |
| Japanse Zee (de) | Mar (m) do Japão | [mah du ʒa'pãw] |

| Beringzee (de) | Mar (m) de Bering | [mah de berĩgi] |
| Zuid-Chinese Zee (de) | Mar (m) da China Meridional | [mah da 'ʃina meridʒjo'naw] |

Koraalzee (de)	Mar (m) de Coral	[mah de ko'raw]
Tasmanzee (de)	Mar (m) de Tasman	[mah de tazman]
Caribische Zee (de)	Mar (m) do Caribe	[mah du ka'ribi]

| Barentszzee (de) | Mar (m) de Barents | [mah de barẽts] |
| Karische Zee (de) | Mar (m) de Kara | [mah de 'kara] |

Noordzee (de)	Mar (m) do Norte	[mah du 'nɔrtʃi]
Baltische Zee (de)	Mar (m) Báltico	[mah 'bawtʃiku]
Noorse Zee (de)	Mar (m) da Noruega	[mah da nor'wɛga]

79. Bergen

berg (de)	montanha (f)	[mõ'taɲa]
bergketen (de)	cordilheira (f)	[kordʒi'ʎejra]
gebergte (het)	serra (f)	['sɛha]

bergtop (de)	cume (m)	['kumi]
bergpiek (de)	pico (m)	['piku]
voet (ov. de berg)	pé (m)	[pɛ]
helling (de)	declive (m)	[de'klivi]

vulkaan (de)	vulcão (m)	[vuw'kãw]
actieve vulkaan (de)	vulcão (m) ativo	[vuw'kãw a'tʃivu]
uitgedoofde vulkaan (de)	vulcão (m) extinto	[vuw'kãw is'tʃĩtu]

uitbarsting (de)	erupção (f)	[erup'sãw]
krater (de)	cratera (f)	[kra'tɛra]
magma (het)	magma (m)	['magma]
lava (de)	lava (f)	['lava]
gloeiend (~e lava)	fundido	[fũ'dʒidu]

kloof (canyon)	cânion, desfiladeiro (m)	['kanjon], [dʒisfila'dejru]
bergkloof (de)	garganta (f)	[gar'gãta]
spleet (de)	fenda (f)	['fẽda]
afgrond (de)	precipício (m)	[presi'pisju]

bergpas (de)	passo, colo (m)	['pasu], ['kɔlu]
plateau (het)	planalto (m)	[pla'nawtu]
klip (de)	falésia (f)	[fa'lɛzja]
heuvel (de)	colina (f)	[ko'lina]

gletsjer (de)	geleira (f)	[ʒe'lejra]
waterval (de)	cachoeira (f)	[kaʃ'wejra]
geiser (de)	gêiser (m)	['ʒɛjzer]
meer (het)	lago (m)	['lagu]

vlakte (de)	planície (f)	[pla'nisi]
landschap (het)	paisagem (f)	[paj'zaʒẽ]
echo (de)	eco (m)	['ɛku]
alpinist (de)	alpinista (m)	[awpi'nista]

80

bergbeklimmer (de)	escalador (m)	[iskala'dor]
trotseren (berg ~)	conquistar (vt)	[kõkis'tar]
beklimming (de)	subida, escalada (f)	[su'bida], [iska'lada]

80. Bergen namen

Alpen (de)	Alpes (m pl)	['awpis]
Mont Blanc (de)	Monte Branco (m)	['mõtʃi 'brãku]
Pyreneeën (de)	Pirineus (m pl)	[piri'news]

Karpaten (de)	Cárpatos (m pl)	['karpatus]
Oeralgebergte (het)	Urais (m pl)	[u'rajs]
Kaukasus (de)	Cáucaso (m)	['kawkazu]
Elbroes (de)	Elbrus (m)	[el'brus]

Altaj (de)	Altai (m)	[al'taj]
Tiensjan (de)	Tian Shan (m)	[tjan ʃan]
Pamir (de)	Pamir (m)	[pa'mir]
Himalaya (de)	Himalaia (m)	[ima'laja]
Everest (de)	monte Everest (m)	['mõtʃi eve'rest]

| Andes (de) | Cordilheira (f) dos Andes | [kordʒi'ʎejra dus 'ãdʒis] |
| Kilimanjaro (de) | Kilimanjaro (m) | [kilimã'ʒaru] |

81. Rivieren

rivier (de)	rio (m)	['hiu]
bron (~ van een rivier)	fonte, nascente (f)	['fõtʃi], [na'sẽtʃi]
riverbedding (de)	leito (m) de rio	['lejtu de 'hiu]
riverbekken (het)	bacia (f)	[ba'sia]
uitmonden in ...	desaguar no ...	[dʒiza'gwar nu]

| zijrivier (de) | afluente (m) | [a'flwẽtʃi] |
| oever (de) | margem (f) | ['marʒẽ] |

stroming (de)	corrente (f)	[ko'hẽtʃi]
stroomafwaarts (bw)	rio abaixo	['hiu a'baɪʃu]
stroomopwaarts (bw)	rio acima	['hiu a'sima]

overstroming (de)	inundação (f)	[ĩtrodu'sãw]
overstroming (de)	cheia (f)	['ʃeja]
buiten zijn oevers treden	transbordar (vi)	[trãzbor'dar]
overstromen (ww)	inundar (vt)	[inũ'dar]

| zandbank (de) | banco (m) de areia | ['bãku de a'reja] |
| stroomversnelling (de) | corredeira (f) | [kohe'dejra] |

dam (de)	barragem (f)	[ba'haʒẽ]
kanaal (het)	canal (m)	[ka'naw]
spaarbekken (het)	reservatório (m) de água	[hezerva'tɔrju de 'agwa]
sluis (de)	eclusa (f)	[e'kluza]
waterlichaam (het)	corpo (m) de água	['korpu de 'agwa]

moeras (het)	pântano (m)	['pãtanu]
broek (het)	lamaçal (m)	[lama'saw]
draaikolk (de)	rodamoinho (m)	[hodamo'iɲu]

stroom (de)	riacho (m)	['hjaʃu]
drink- (abn)	potável	[po'tavew]
zoet (~ water)	doce	['dosi]

ijs (het)	gelo (m)	['ʒelu]
bevriezen (rivier, enz.)	congelar-se (vr)	[kõʒe'larsi]

82. Namen van rivieren

Seine (de)	rio Sena (m)	['hiu 'sɛna]
Loire (de)	rio Loire (m)	['hiu lu'ar]

Theems (de)	rio Tâmisa (m)	['hiu 'tamiza]
Rijn (de)	rio Reno (m)	['hiu 'henu]
Donau (de)	rio Danúbio (m)	['hiu da'nubju]

Wolga (de)	rio Volga (m)	['hiu 'vɔlga]
Don (de)	rio Don (m)	['hiu dɔn]
Lena (de)	rio Lena (m)	['hiu 'lena]

Gele Rivier (de)	rio Amarelo (m)	['hiu ama'rɛlu]
Blauwe Rivier (de)	rio Yangtzé (m)	['hiu jã'gtzɛ]
Mekong (de)	rio Mekong (m)	['hiu mi'kõg]
Ganges (de)	rio Ganges (m)	['hiu 'gændʒi:z]

Nijl (de)	rio Nilo (m)	['hiu 'nilu]
Kongo (de)	rio Congo (m)	['hiu 'kõgu]
Okavango (de)	rio Cubango (m)	['hiu ku'bãgu]
Zambezi (de)	rio Zambeze (m)	['hiu zã'bezi]
Limpopo (de)	rio Limpopo (m)	['hiu lĩ'popu]
Mississippi (de)	rio Mississippi (m)	['hiu misi'sipi]

83. Bos

bos (het)	floresta (f), bosque (m)	[flo'rɛsta], ['bɔski]
bos- (abn)	florestal	[flores'taw]

oerwoud (dicht bos)	mata (f) fechada	['mata fe'ʃada]
bosje (klein bos)	arvoredo (m)	[arvo'redu]
open plek (de)	clareira (f)	[kla'rejra]

struikgewas (het)	matagal (m)	[mata'gaw]
struiken (mv.)	mato (m), caatinga (f)	['matu], [ka'tʃĩga]

paadje (het)	trilha, vereda (f)	['triʎa], [ve'reda]
ravijn (het)	ravina (f)	[ha'vina]
boom (de)	árvore (f)	['arvori]
blad (het)	folha (f)	['foʎa]

gebladerte (het)	folhagem (f)	[fo'ʎaʒẽ]
vallende bladeren (mv.)	queda (f) das folhas	['kɛda das 'foʎas]
vallen (ov. de bladeren)	cair (vi)	[ka'ir]
boomtop (de)	topo (m)	['topu]
tak (de)	ramo (m)	['hamu]
ent (de)	galho (m)	['gaʎu]
knop (de)	botão (m)	[bo'tãw]
naald (de)	agulha (f)	[a'guʎa]
dennenappel (de)	pinha (f)	['piɲa]
boom holte (de)	buraco (m) de árvore	[bu'raku de 'arvori]
nest (het)	ninho (m)	['niɲu]
hol (het)	toca (f)	['tɔka]
stam (de)	tronco (m)	['trõku]
wortel (bijv. boom~s)	raiz (f)	[ha'iz]
schors (de)	casca (f) de árvore	['kaska de 'arvori]
mos (het)	musgo (m)	['muzgu]
ontwortelen (een boom)	arrancar pela raiz	[ahã'kar 'pɛla ha'iz]
kappen (een boom ~)	cortar (vt)	[kor'tar]
ontbossen (ww)	desflorestar (vt)	[dʒisflores'tar]
stronk (de)	toco, cepo (m)	['toku], ['sepu]
kampvuur (het)	fogueira (f)	[fo'gejra]
bosbrand (de)	incêndio (m) florestal	[ĩ'sẽdʒju flores'taw]
blussen (ww)	apagar (vt)	[apa'gar]
boswachter (de)	guarda-parque (m)	['gwarda 'parki]
bescherming (de)	proteção (f)	[prote'sãw]
beschermen (bijv. de natuur ~)	proteger (vt)	[prote'ʒer]
stroper (de)	caçador (m) furtivo	[kasa'dor fur'tʃivu]
val (de)	armadilha (f)	arma'dʒiʎa]
plukken (vruchten, enz.)	colher (vt)	[ko'ʎer]
verdwalen (de weg kwijt zijn)	perder-se (vr)	[per'dersi]

84. Natuurlijke hulpbronnen

natuurlijke rijkdommen (mv.)	recursos (m pl) naturais	[he'kursus natu'rajs]
delfstoffen (mv.)	minerais (m pl)	[mine'rajs]
lagen (mv.)	depósitos (m pl)	[de'pɔzitus]
veld (bijv. olie~)	jazida (f)	[ʒa'zida]
winnen (uit erts ~)	extrair (vt)	[istra'jir]
winning (de)	extração (f)	[istra'sãw]
erts (het)	minério (m)	[mi'nɛrju]
mijn (bijv. kolenmijn)	mina (f)	['mina]
mijnschacht (de)	poço (m) de mina	['pɔsu de 'mina]
mijnwerker (de)	mineiro (m)	[mi'nejru]
gas (het)	gás (m)	[gajs]
gasleiding (de)	gasoduto (m)	[gazo'dutu]

olie (aardolie)	petróleo (m)	[pe'trɔlju]
olieleiding (de)	oleoduto (m)	[oljo'dutu]
oliebron (de)	poço (m) de petróleo	['posu de pe'trɔlju]
boortoren (de)	torre (f) petrolífera	['tohi petro'lifera]
tanker (de)	petroleiro (m)	[petro'lejru]

zand (het)	areia (f)	[a'reja]
kalksteen (de)	calcário (m)	[kaw'karju]
grind (het)	cascalho (m)	[kas'kaʎu]
veen (het)	turfa (f)	['turfa]
klei (de)	argila (f)	[ar'ʒila]
steenkool (de)	carvão (m)	[kar'vãw]

ijzer (het)	ferro (m)	['fɛhu]
goud (het)	ouro (m)	['oru]
zilver (het)	prata (f)	['prata]
nikkel (het)	níquel (m)	['nikew]
koper (het)	cobre (m)	['kɔbri]

zink (het)	zinco (m)	['zĩku]
mangaan (het)	manganês (m)	[mãga'nes]
kwik (het)	mercúrio (m)	[mer'kurju]
lood (het)	chumbo (m)	['ʃũbu]

mineraal (het)	mineral (m)	[mine'raw]
kristal (het)	cristal (m)	[kris'taw]
marmer (het)	mármore (m)	['marmori]
uraan (het)	urânio (m)	[u'ranju]

85. Weer

weer (het)	tempo (m)	['tẽpu]
weersvoorspelling (de)	previsão (f) do tempo	[previ'zãw du 'tẽpu]
temperatuur (de)	temperatura (f)	[tẽpera'tura]
thermometer (de)	termômetro (m)	[ter'mometru]
barometer (de)	barômetro (m)	[ba'rometru]

vochtig (bn)	úmido	['umidu]
vochtigheid (de)	umidade (f)	[umi'dadʒi]
hitte (de)	calor (m)	[ka'lor]
heet (bn)	tórrido	['tɔhidu]
het is heet	está muito calor	[is'ta 'mwĩtu ka'lor]

| het is warm | está calor | [is'ta ka'lor] |
| warm (bn) | quente | ['kẽtʃi] |

| het is koud | está frio | [is'ta 'friu] |
| koud (bn) | frio | ['friu] |

zon (de)	sol (m)	[sɔw]
schijnen (de zon)	brilhar (vi)	[bri'ʎar]
zonnig (~e dag)	de sol, ensolarado	[de sɔw], [ẽsola'radu]
opgaan (ov. de zon)	nascer (vi)	[na'ser]
ondergaan (ww)	pôr-se (vr)	['porsi]

wolk (de)	nuvem (f)	['nuvẽj]
bewolkt (bn)	nublado	[nu'bladu]
regenwolk (de)	nuvem (f) preta	['nuvẽj 'preta]
somber (bn)	escuro	[is'kuru]

regen (de)	chuva (f)	['ʃuva]
het regent	está a chover	[is'ta a ʃo'ver]
regenachtig (bn)	chuvoso	[ʃu'vozu]
motregenen (ww)	chuviscar (vi)	[ʃuvis'kar]

plensbui (de)	chuva (f) torrencial	['ʃuva tohẽ'sjaw]
stortbui (de)	aguaceiro (m)	[agwa'sejru]
hard (bn)	forte	['fɔrtʃi]
plas (de)	poça (f)	['posa]
nat worden (ww)	molhar-se (vr)	[mo'ʎarsi]

mist (de)	nevoeiro (m)	[nevo'ejru]
mistig (bn)	de nevoeiro	[de nevu'ejru]
sneeuw (de)	neve (f)	['nɛvi]
het sneeuwt	está nevando	[is'ta ne'vãdu]

86. Zwaar weer. Natuurrampen

noodweer (storm)	trovoada (f)	[tro'vwada]
bliksem (de)	relâmpago (m)	[he'lãpagu]
flitsen (ww)	relampejar (vi)	[helãpe'ʒar]

donder (de)	trovão (m)	[tro'vãw]
donderen (ww)	trovejar (vi)	[trove'ʒar]
het dondert	está trovejando	[is'ta trove'ʒãdu]

| hagel (de) | granizo (m) | [gra'nizu] |
| het hagelt | está caindo granizo | [is'ta ka'ĩdu gra'nizu] |

| overstromen (ww) | inundar (vt) | [inũ'dar] |
| overstroming (de) | inundação (f) | [ĩtrodu'sãw] |

aardbeving (de)	terremoto (m)	[tehe'mɔtu]
aardschok (de)	abalo, tremor (m)	[a'balu], [tre'mor]
epicentrum (het)	epicentro (m)	[epi'sẽtru]

| uitbarsting (de) | erupção (f) | [erup'sãw] |
| lava (de) | lava (f) | ['lava] |

wervelwind (de)	tornado (m)	[tor'nadu]
windhoos (de)	tornado (m)	[tor'nadu]
tyfoon (de)	tufão (m)	[tu'fãw]

orkaan (de)	furacão (m)	[fura'kãw]
storm (de)	tempestade (f)	[tẽpes'tadʒi]
tsunami (de)	tsunami (m)	[tsu'nami]

| cycloon (de) | ciclone (m) | [si'klɔni] |
| onweer (het) | mau tempo (m) | [maw 'tẽpu] |

brand (de)	incêndio (m)	[ĩ'sẽdʒju]
ramp (de)	catástrofe (f)	[ka'tastrofi]
meteoriet (de)	meteorito (m)	[meteo'ritu]

lawine (de)	avalanche (f)	[ava'lãʃi]
sneeuwverschuiving (de)	deslizamento (m) de neve	[dʒizliza'mẽtu de 'nɛvi]
sneeuwjacht (de)	nevasca (f)	[ne'vaska]
sneeuwstorm (de)	tempestade (f) de neve	[tẽpes'tadʒi de 'nɛvi]

FAUNA

87. Zoogdieren. Roofdieren

roofdier (het)	predador (m)	[preda'dor]
tijger (de)	tigre (m)	['tʃigri]
leeuw (de)	leão (m)	[le'ãw]
wolf (de)	lobo (m)	['lobu]
vos (de)	raposa (f)	[ha'pozu]
jaguar (de)	jaguar (m)	[ʒa'gwar]
luipaard (de)	leopardo (m)	[ljo'pardu]
jachtluipaard (de)	chita (f)	['ʃita]
panter (de)	pantera (f)	[pã'tɛra]
poema (de)	puma (m)	['puma]
sneeuwluipaard (de)	leopardo-das-neves (m)	[ljo'pardu das 'nɛvis]
lynx (de)	lince (m)	['ĩsi]
coyote (de)	coiote (m)	[ko'jotʃi]
jakhals (de)	chacal (m)	[ʃa'kaw]
hyena (de)	hiena (f)	['jena]

88. Wilde dieren

dier (het)	animal (m)	[ani'maw]
beest (het)	besta (f)	['besta]
eekhoorn (de)	esquilo (m)	[is'kilu]
egel (de)	ouriço (m)	[o'risu]
haas (de)	lebre (f)	['lɛbri]
konijn (het)	coelho (m)	[ko'eʎu]
das (de)	texugo (m)	[te'ʃugu]
wasbeer (de)	guaxinim (m)	[gwaʃi'nĩ]
hamster (de)	hamster (m)	['amster]
marmot (de)	marmota (f)	[mah'mɔta]
mol (de)	toupeira (f)	[to'pejra]
muis (de)	rato (m)	['hatu]
rat (de)	ratazana (f)	[hata'zana]
vleermuis (de)	morcego (m)	[mor'segu]
hermelijn (de)	arminho (m)	[ar'miɲu]
sabeldier (het)	zibelina (f)	[zibe'lina]
marter (de)	marta (f)	['mahta]
wezel (de)	doninha (f)	[dɔ'niɲa]
nerts (de)	visom (m)	[vi'zõ]

| bever (de) | castor (m) | [kas'tor] |
| otter (de) | lontra (f) | ['lõtra] |

paard (het)	cavalo (m)	[ka'valu]
eland (de)	alce (m)	['awsi]
hert (het)	veado (m)	['vjadu]
kameel (de)	camelo (m)	[ka'melu]

bizon (de)	bisão (m)	[bi'zãw]
wisent (de)	auroque (m)	[aw'rɔki]
buffel (de)	búfalo (m)	['bufalu]

zebra (de)	zebra (f)	['zebra]
antilope (de)	antílope (m)	[ã'tʃilopi]
ree (de)	corça (f)	['korsa]
damhert (het)	gamo (m)	['gamu]
gems (de)	camurça (f)	[ka'mursa]
everzwijn (het)	javali (m)	[ʒava'li]

walvis (de)	baleia (f)	[ba'leja]
rob (de)	foca (f)	['fɔka]
walrus (de)	morsa (f)	['mɔhsa]
zeebeer (de)	urso-marinho (m)	['ursu ma'riɲu]
dolfijn (de)	golfinho (m)	[gow'fiɲu]

beer (de)	urso (m)	['ursu]
ijsbeer (de)	urso (m) polar	['ursu po'lar]
panda (de)	panda (m)	['pãda]

aap (de)	macaco (m)	[ma'kaku]
chimpansee (de)	chimpanzé (m)	[ʃĩpã'zɛ]
orang-oetan (de)	orangotango (m)	[orãgu'tãgu]
gorilla (de)	gorila (m)	[go'rila]
makaak (de)	macaco (m)	[ma'kaku]
gibbon (de)	gibão (m)	[ʒi'bãw]

olifant (de)	elefante (m)	[ele'fãtʃi]
neushoorn (de)	rinoceronte (m)	[hinose'rõtʃi]
giraffe (de)	girafa (f)	[ʒi'rafa]
nijlpaard (het)	hipopótamo (m)	[ipo'pɔtamu]

| kangoeroe (de) | canguru (m) | [kãgu'ru] |
| koala (de) | coala (m) | ['kwala] |

mangoest (de)	mangusto (m)	[mã'gustu]
chinchilla (de)	chinchila (f)	[ʃĩ'ʃila]
stinkdier (het)	cangambá (f)	[kã'gãba]
stekelvarken (het)	porco-espinho (m)	['pɔrku is'piɲu]

89. Huisdieren

poes (de)	gata (f)	['gata]
kater (de)	gato (m) macho	['gatu 'maʃu]
hond (de)	cão (m)	['kãw]

paard (het)	cavalo (m)	[ka'valu]
hengst (de)	garanhão (m)	[gara'ɲãw]
merrie (de)	égua (f)	['ɛgwa]
koe (de)	vaca (f)	['vaka]
bul, stier (de)	touro (m)	['toru]
os (de)	boi (m)	[boj]
schaap (het)	ovelha (f)	[o'veʎa]
ram (de)	carneiro (m)	[kar'nejru]
geit (de)	cabra (f)	['kabra]
bok (de)	bode (m)	['bɔdʒi]
ezel (de)	burro (m)	['buhu]
muilezel (de)	mula (f)	['mula]
varken (het)	porco (m)	['porku]
biggetje (het)	leitão (m)	[lej'tãw]
konijn (het)	coelho (m)	[ko'eʎu]
kip (de)	galinha (f)	[ga'liɲa]
haan (de)	galo (m)	['galu]
eend (de)	pata (f)	['pata]
woerd (de)	pato (m)	['patu]
gans (de)	ganso (m)	['gãsu]
kalkoen haan (de)	peru (m)	[pe'ru]
kalkoen (de)	perua (f)	[pe'rua]
huisdieren (mv.)	animais (m pl) domésticos	[ani'majs do'mɛstʃikus]
tam (bijv. hamster)	domesticado	[domestʃi'kadu]
temmen (tam maken)	domesticar (vt)	[domestʃi'kar]
fokken (bijv. paarden ~)	criar (vt)	[krjar]
boerderij (de)	fazenda (f)	[fa'zẽda]
gevogelte (het)	aves (f pl) domésticas	['avis do'mɛstʃikas]
rundvee (het)	gado (m)	['gadu]
kudde (de)	rebanho (m), manada (f)	[he'baɲu], [ma'nada]
paardenstal (de)	estábulo (m)	[is'tabulu]
zwijnenstal (de)	chiqueiro (m)	[ʃi'kejru]
koeienstal (de)	estábulo (m)	[is'tabulu]
konijnenhok (het)	coelheira (f)	[kue'ʎejra]
kippenhok (het)	galinheiro (m)	[gali'ɲejru]

90. Vogels

vogel (de)	pássaro (m), ave (f)	['pasaru], ['avi]
duif (de)	pombo (m)	['põbu]
mus (de)	pardal (m)	[par'daw]
koolmees (de)	chapim-real (m)	[ʃa'pĩ-he'aw]
ekster (de)	pega-rabuda (f)	['pega-ha'buda]
raaf (de)	corvo (m)	['korvu]

kraai (de)	gralha-cinzenta (f)	['graʎa sĩ'zĕta]
kauw (de)	gralha-de-nuca-cinzenta (f)	['graʎa de 'nuka sĩ'zĕta]
roek (de)	gralha-calva (f)	['graʎa 'kawvu]

eend (de)	pato (m)	['patu]
gans (de)	ganso (m)	['gãsu]
fazant (de)	faisão (m)	[faj'zãw]

arend (de)	águia (f)	['agja]
havik (de)	açor (m)	[a'sor]
valk (de)	falcão (m)	[faw'kãw]
gier (de)	abutre (m)	[a'butri]
condor (de)	condor (m)	[kõ'dor]

zwaan (de)	cisne (m)	['sizni]
kraanvogel (de)	grou (m)	[grow]
ooievaar (de)	cegonha (f)	[se'gɔɲa]

papegaai (de)	papagaio (m)	[papa'gaju]
kolibrie (de)	beija-flor (m)	[bejʒa'flɔr]
pauw (de)	pavão (m)	[pa'vãw]

struisvogel (de)	avestruz (m)	[aves'truz]
reiger (de)	garça (f)	['garsa]
flamingo (de)	flamingo (m)	[fla'mĩgu]
pelikaan (de)	pelicano (m)	[peli'kanu]

| nachtegaal (de) | rouxinol (m) | [hoʃi'nɔw] |
| zwaluw (de) | andorinha (f) | [ãdo'riɲa] |

lijster (de)	tordo-zornal (m)	['tɔrdu-zor'nal]
zanglijster (de)	tordo-músico (m)	['tɔrdu-'muziku]
merel (de)	melro-preto (m)	['mɛwhu 'pretu]

gierzwaluw (de)	andorinhão (m)	[ãdori'ɲãw]
leeuwerik (de)	laverca, cotovia (f)	[la'verka], [kutu'via]
kwartel (de)	codorna (f)	[ko'dɔrna]

specht (de)	pica-pau (m)	['pika 'paw]
koekoek (de)	cuco (m)	['kuku]
uil (de)	coruja (f)	[ko'ruʒa]
oehoe (de)	bufo-real (m)	['bufu-he'aw]
auerhoen (het)	tetraz-grande (m)	[tɛ'tras-'grãdʒi]
korhoen (het)	tetraz-lira (m)	[tɛ'tras-'lira]
patrijs (de)	perdiz-cinzenta (f)	[per'dis sĩ'zĕta]

spreeuw (de)	estorninho (m)	[istor'niɲu]
kanarie (de)	canário (m)	[ka'narju]
hazelhoen (het)	galinha-do-mato (f)	[ga'liɲa du 'matu]

| vink (de) | tentilhão (m) | [tĕtʃi'ʎãw] |
| goudvink (de) | dom-fafe (m) | [dõ'fafi] |

meeuw (de)	gaivota (f)	[gaj'vɔta]
albatros (de)	albatroz (m)	[alba'trɔs]
pinguïn (de)	pinguim (m)	[pĩ'gwĩ]

91. Vis. Zeedieren

brasem (de)	brema (f)	['brema]
karper (de)	carpa (f)	['karpa]
baars (de)	perca (f)	['pehka]
meerval (de)	siluro (m)	[si'luru]
snoek (de)	lúcio (m)	['lusju]
zalm (de)	salmão (m)	[saw'mãw]
steur (de)	esturjão (m)	[istur'ʒãw]
haring (de)	arenque (m)	[a'rẽki]
atlantische zalm (de)	salmão (m) do Atlântico	[saw'mãw du at'lãtʃiku]
makreel (de)	cavala, sarda (f)	[ka'vala], ['sarda]
platvis (de)	solha (f), linguado (m)	['soʎa], [lĩ'gwadu]
snoekbaars (de)	lúcio perca (m)	['lusju 'perka]
kabeljauw (de)	bacalhau (m)	[baka'ʎaw]
tonijn (de)	atum (m)	[a'tũ]
forel (de)	truta (f)	['truta]
paling (de)	enguia (f)	[ẽ'gia]
sidderrog (de)	raia (f) elétrica	['haja e'lɛtrika]
murene (de)	moreia (f)	[mo'reja]
piranha (de)	piranha (f)	[pi'raɲa]
haai (de)	tubarão (m)	[tuba'rãw]
dolfijn (de)	golfinho (m)	[gow'fiɲu]
walvis (de)	baleia (f)	[ba'leja]
krab (de)	caranguejo (m)	[karã'geʒu]
kwal (de)	água-viva (f)	['agwa 'viva]
octopus (de)	polvo (m)	['powvu]
zeester (de)	estrela-do-mar (f)	[is'trela du 'mar]
zee-egel (de)	ouriço-do-mar (m)	[o'risu du 'mar]
zeepaardje (het)	cavalo-marinho (m)	[ka'valu ma'riɲu]
oester (de)	ostra (f)	['ostra]
garnaal (de)	camarão (m)	[kama'rãw]
kreeft (de)	lagosta (f)	[la'gosta]
langoest (de)	lagosta (f)	[la'gosta]

92. Amfibieën. Reptielen

slang (de)	cobra (f)	['kɔbra]
giftig (slang)	venenoso	[vene'nozu]
adder (de)	víbora (f)	['vibora]
cobra (de)	naja (f)	['naʒa]
python (de)	píton (m)	['pitɔn]
boa (de)	jiboia (f)	[ʒi'bɔja]
ringslang (de)	cobra-de-água (f)	[kɔbra de 'agwa]

| ratelslang (de) | cascavel (f) | [kaska'vɛw] |
| anaconda (de) | anaconda, sucuri (f) | [ana'kõda], [sukuri] |

hagedis (de)	lagarto (m)	[la'gartu]
leguaan (de)	iguana (f)	[i'gwana]
varaan (de)	varano (m)	[va'ranu]
salamander (de)	salamandra (f)	[sala'mãdra]
kameleon (de)	camaleão (m)	[kamale'ãu]
schorpioen (de)	escorpião (m)	[iskorpi'ãw]

schildpad (de)	tartaruga (f)	[tarta'ruga]
kikker (de)	rã (f)	[hã]
pad (de)	sapo (m)	['sapu]
krokodil (de)	crocodilo (m)	[kroko'dʒilu]

93. Insecten

insect (het)	inseto (m)	[ĩ'sɛtu]
vlinder (de)	borboleta (f)	[borbo'leta]
mier (de)	formiga (f)	[for'miga]
vlieg (de)	mosca (f)	['moska]
mug (de)	mosquito (m)	[mos'kitu]
kever (de)	escaravelho (m)	[iskara'veʎu]

wesp (de)	vespa (f)	['vespa]
bij (de)	abelha (f)	[a'beʎa]
hommel (de)	mamangaba (f)	[mamã'gaba]
horzel (de)	moscardo (m)	[mos'kardu]

| spin (de) | aranha (f) | [a'raɲa] |
| spinnenweb (het) | teia (f) de aranha | ['teja de a'raɲa] |

libel (de)	libélula (f)	[li'bɛlula]
sprinkhaan (de)	gafanhoto (m)	[gafa'ɲotu]
nachtvlinder (de)	traça (f)	['trasa]

kakkerlak (de)	barata (f)	[ba'rata]
teek (de)	carrapato (m)	[kaha'patu]
vlo (de)	pulga (f)	['puwga]
kriebelmug (de)	borrachudo (m)	[boha'ʃudu]

treksprinkhaan (de)	gafanhoto-migratório (m)	[gafa'ɲotu-migra'tɔrju]
slak (de)	caracol (m)	[kara'kɔw]
krekel (de)	grilo (m)	['grilu]
glimworm (de)	pirilampo, vaga-lume (m)	[piri'lãpu], [vaga-'lumi]
lieveheersbeestje (het)	joaninha (f)	[ʒwa'niɲa]
meikever (de)	besouro (m)	[be'zoru]

bloedzuiger (de)	sanguessuga (f)	[sãgi'suga]
rups (de)	lagarta (f)	[la'garta]
aardworm (de)	minhoca (f)	[mi'ɲɔka]
larve (de)	larva (f)	['larva]

FLORA

94. Bomen

boom (de)	árvore (f)	['arvori]
loof- (abn)	decídua	[de'sidwa]
dennen- (abn)	conífera	[ko'nifera]
groenblijvend (bn)	perene	[pe'rɛni]

appelboom (de)	macieira (f)	[ma'sjejra]
perenboom (de)	pereira (f)	[pe'rejra]
zoete kers (de)	cerejeira (f)	[sere'ʒejra]
zure kers (de)	ginjeira (f)	[ʒĩ'ʒejra]
pruimelaar (de)	ameixeira (f)	[amej'ʃejra]

berk (de)	bétula (f)	['bɛtula]
eik (de)	carvalho (m)	[kar'vaʎu]
linde (de)	tília (f)	['tʃilja]
esp (de)	choupo-tremedor (m)	['ʃopu-treme'dor]
esdoorn (de)	bordo (m)	['bordu]
spar (de)	espruce (m)	[is'pruse]
den (de)	pinheiro (m)	[pi'ɲejru]
lariks (de)	alerce, lariço (m)	[a'lɛrse], [la'risu]
zilverspar (de)	abeto (m)	[a'bɛtu]
ceder (de)	cedro (m)	['sɛdru]

populier (de)	choupo, álamo (m)	['ʃopu], ['alamu]
lijsterbes (de)	tramazeira (f)	[trama'zejra]
wilg (de)	salgueiro (m)	[saw'gejru]
els (de)	amieiro (m)	[a'mjejru]
beuk (de)	faia (f)	['faja]
iep (de)	ulmeiro, olmo (m)	[ul'mejru], ['ɔwmu]
es (de)	freixo (m)	['frejʃu]
kastanje (de)	castanheiro (m)	[kasta'ɲejru]

magnolia (de)	magnólia (f)	[mag'nɔlja]
palm (de)	palmeira (f)	[paw'mejra]
cipres (de)	cipreste (m)	[si'prɛstʃi]

mangrove (de)	mangue (m)	['mãgi]
baobab (apenbroodboom)	embondeiro, baobá (m)	[ẽbõ'dejru], [bao'ba]
eucalyptus (de)	eucalipto (m)	[ewka'liptu]
mammoetboom (de)	sequoia (f)	[se'kwɔja]

95. Heesters

| struik (de) | arbusto (m) | [ar'bustu] |
| heester (de) | arbusto (m), moita (f) | [ar'bustu], ['mɔjta] |

| wijnstok (de) | videira (f) | [vi'dejra] |
| wijngaard (de) | vinhedo (m) | [vi'ɲedu] |

frambozenstruik (de)	framboeseira (f)	[frãboe'zejra]
zwarte bes (de)	groselheira-negra (f)	[groze'ʎejra 'negra]
rode bessenstruik (de)	groselheira-vermelha (f)	[grozɛ'ʎejra ver'meʎa]
kruisbessenstruik (de)	groselheira (f) espinhosa	[groze'ʎejra ispi'ɲoza]

acacia (de)	acácia (f)	[a'kasja]
zuurbes (de)	bérberis (f)	['bɛrberis]
jasmijn (de)	jasmim (m)	[ʒaz'mĩ]

jeneverbes (de)	junípero (m)	[ʒu'niperu]
rozenstruik (de)	roseira (f)	[ho'zejra]
hondsroos (de)	roseira (f) brava	[ho'zejra 'brava]

96. Vruchten. Bessen

vrucht (de)	fruta (f)	['fruta]
vruchten (mv.)	frutas (f pl)	['frutas]
appel (de)	maçã (f)	[ma'sã]
peer (de)	pera (f)	['pera]
pruim (de)	ameixa (f)	[a'mejʃa]

aardbei (de)	morango (m)	[mo'rãgu]
zure kers (de)	ginja (f)	['ʒĩʒa]
zoete kers (de)	cereja (f)	[se'reʒa]
druif (de)	uva (f)	['uva]

framboos (de)	framboesa (f)	[frãbo'eza]
zwarte bes (de)	groselha (f) negra	[gro'zɛʎa 'negra]
rode bes (de)	groselha (f) vermelha	[[gro'zɛʎa ver'meʎa]
kruisbes (de)	groselha (f) espinhosa	[gro'zɛʎa ispi'ɲoza]
veenbes (de)	oxicoco (m)	[oksi'koku]

sinaasappel (de)	laranja (f)	[la'rãʒa]
mandarijn (de)	tangerina (f)	[tãʒe'rina]
ananas (de)	abacaxi (m)	[abaka'ʃi]

| banaan (de) | banana (f) | [ba'nana] |
| dadel (de) | tâmara (f) | ['tamara] |

citroen (de)	limão (m)	[li'mãw]
abrikoos (de)	damasco (m)	[da'masku]
perzik (de)	pêssego (m)	['pesegu]

| kiwi (de) | quiuí (m) | [ki'vi] |
| grapefruit (de) | toranja (f) | [to'rãʒa] |

bes (de)	baga (f)	['baga]
bessen (mv.)	bagas (f pl)	['bagas]
vossenbes (de)	arando (m) vermelho	[a'rãdu ver'meʎu]
bosaardbei (de)	morango-silvestre (m)	[mo'rãgu siw'vɛstri]
blauwe bosbes (de)	mirtilo (m)	[mih'tʃilu]

97. Bloemen. Planten

| bloem (de) | flor (f) | [flɔr] |
| boeket (het) | buquê (m) de flores | [bu'ke de 'floris] |

roos (de)	rosa (f)	['hɔza]
tulp (de)	tulipa (f)	[tu'lipa]
anjer (de)	cravo (m)	['kravu]
gladiool (de)	gladíolo (m)	[gla'dʒiolu]

korenbloem (de)	escovinha (f)	[isko'viɲa]
klokje (het)	campainha (f)	[kampa'iɲa]
paardenbloem (de)	dente-de-leão (m)	['dẽtʃi] de le'ãw]
kamille (de)	camomila (f)	[kamo'mila]

aloë (de)	aloé (m)	[alo'ɛ]
cactus (de)	cacto (m)	['kaktu]
ficus (de)	fícus (m)	['fikus]

lelie (de)	lírio (m)	['lirju]
geranium (de)	gerânio (m)	[ʒe'ranju]
hyacint (de)	jacinto (m)	[ʒa'sĩtu]

mimosa (de)	mimosa (f)	[mi'mɔza]
narcis (de)	narciso (m)	[nar'sizu]
Oost-Indische kers (de)	capuchinha (f)	[kapu'ʃiɲa]

orchidee (de)	orquídea (f)	[or'kidʒja]
pioenroos (de)	peônia (f)	[pi'onia]
viooltje (het)	violeta (f)	[vjo'leta]

driekleurig viooltje (het)	amor-perfeito (m)	[a'mor per'fejtu]
vergeet-mij-nietje (het)	não-me-esqueças (m)	['nãw mi is'kesas]
madeliefje (het)	margarida (f)	[marga'rida]

papaver (de)	papoula (f)	[pa'pola]
hennep (de)	cânhamo (m)	['kaɲamu]
munt (de)	hortelã, menta (f)	[orte'lã], ['mẽta]

| lelietje-van-dalen (het) | lírio-do-vale (m) | ['lirju du 'vali] |
| sneeuwklokje (het) | campânula-branca (f) | [kã'panula-'brãka] |

brandnetel (de)	urtiga (f)	[ur'tʃiga]
veldzuring (de)	azedinha (f)	[aze'dʒinha]
waterlelie (de)	nenúfar (m)	[ne'nufar]
varen (de)	samambaia (f)	[samã'baja]
korstmos (het)	líquen (m)	['likẽ]

oranjerie (de)	estufa (f)	[is'tufa]
gazon (het)	gramado (m)	[gra'madu]
bloemperk (het)	canteiro (m) de flores	[kã'tejru de 'floris]

plant (de)	planta (f)	['plãta]
gras (het)	grama (f)	['grama]
grasspriet (de)	folha (f) de grama	['foʎa de 'grama]

blad (het)	folha (f)	['foʎa]
bloemblad (het)	pétala (f)	['pɛtala]
stengel (de)	talo (m)	['talu]
knol (de)	tubérculo (m)	[tu'berkulu]

| scheut (de) | broto, rebento (m) | ['brotu], [he'bẽtu] |
| doorn (de) | espinho (m) | [is'piɲu] |

bloeien (ww)	florescer (vi)	[flore'ser]
verwelken (ww)	murchar (vi)	[mur'ʃar]
geur (de)	cheiro (m)	['ʃejru]
snijden (bijv. bloemen ~)	cortar (vt)	[kor'tar]
plukken (bloemen ~)	colher (vt)	[ko'ʎer]

98. Granen, graankorrels

graan (het)	grão (m)	['grãw]
graangewassen (mv.)	cereais (m pl)	[se'rjajs]
aar (de)	espiga (f)	[is'piga]

tarwe (de)	trigo (m)	['trigu]
rogge (de)	centeio (m)	[sẽ'teju]
haver (de)	aveia (f)	[a'veja]
gierst (de)	painço (m)	[paˈĩsu]
gerst (de)	cevada (f)	[se'vada]

maïs (de)	milho (m)	['miʎu]
rijst (de)	arroz (m)	[a'hoz]
boekweit (de)	trigo-sarraceno (m)	['trigu-saha'sẽnu]

erwt (de)	ervilha (f)	[er'viʎa]
nierboon (de)	feijão (m) roxo	[fej'ʒãw 'hoʃu]
soja (de)	soja (f)	['sɔʒa]
linze (de)	lentilha (f)	[lẽ'tʃiʎa]
bonen (mv.)	feijão (m)	[fej'ʒãw]

LANDEN VAN DE WERELD

99. Landen. Deel 1

Afghanistan (het)	Afeganistão (m)	[afeganis'tãw]
Albanië (het)	Albânia (f)	[aw'banja]
Argentinië (het)	Argentina (f)	[arʒẽ'tʃina]
Armenië (het)	Armênia (f)	[ar'menja]
Australië (het)	Austrália (f)	[aws'tralja]
Azerbeidzjan (het)	Azerbaijão (m)	[azerbaj'ʒãw]
Bahama's (mv.)	Bahamas (f pl)	[ba'amas]
Bangladesh (het)	Bangladesh (m)	[bãgla'dɛs]
België (het)	Bélgica (f)	['bɛwʒika]
Bolivia (het)	Bolívia (f)	[bo'livja]
Bosnië en Herzegovina (het)	Bósnia e Herzegovina (f)	['bɔsnia i ɛrtsegɔ'vina]
Brazilië (het)	Brasil (m)	[bra'ziw]
Bulgarije (het)	Bulgária (f)	[buw'garja]
Cambodja (het)	Camboja (f)	[kã'bɔja]
Canada (het)	Canadá (m)	[kana'da]
Chili (het)	Chile (m)	['ʃili]
China (het)	China (f)	['ʃina]
Colombia (het)	Colômbia (f)	[ko'lõbja]
Cuba (het)	Cuba (f)	['kuba]
Cyprus (het)	Chipre (m)	['ʃipri]
Denemarken (het)	Dinamarca (f)	[dʒina'marka]
Dominicaanse Republiek (de)	República (f) Dominicana	[he'publika domini'kana]
Duitsland (het)	Alemanha (f)	[ale'mãɲa]
Ecuador (het)	Equador (m)	[ekwa'dor]
Egypte (het)	Egito (m)	[e'ʒitu]
Engeland (het)	Inglaterra (f)	[ĩgla'tɛha]
Estland (het)	Estônia (f)	[is'tonja]
Finland (het)	Finlândia (f)	[fĩ'lãdʒja]
Frankrijk (het)	França (f)	['frãsa]
Frans-Polynesië	Polinésia (f) Francesa	[poli'nɛzja frã'seza]
Georgië (het)	Geórgia (f)	['ʒɔrʒa]
Ghana (het)	Gana (f)	['gana]
Griekenland (het)	Grécia (f)	['grɛsja]
Groot-Brittannië (het)	Grã-Bretanha (f)	[grã-bre'taɲa]
Haïti (het)	Haiti (m)	[aj'tʃi]
Hongarije (het)	Hungria (f)	[ũ'gria]
Ierland (het)	Irlanda (f)	[ir'lãda]
IJsland (het)	Islândia (f)	[iz'lãdʒa]
India (het)	Índia (f)	['ĩdʒa]
Indonesië (het)	Indonésia (f)	[ĩdo'nɛzja]

Irak (het)	Iraque (m)	[i'raki]
Iran (het)	Irã (m)	[i'rã]
Israël (het)	Israel (m)	[izha'ɛw]
Italië (het)	Itália (f)	[i'talja]

100. Landen. Deel 2

Jamaica (het)	Jamaica (f)	[ʒa'majka]
Japan (het)	Japão (m)	[ʒa'pãw]
Jordanië (het)	Jordânia (f)	[ʒor'danja]
Kazakstan (het)	Cazaquistão (m)	[kazakis'tãw]
Kenia (het)	Quênia (f)	['kenja]
Kirgizië (het)	Quirguistão (m)	[kirgis'tãw]
Koeweit (het)	Kuwait (m)	[ku'wejt]

Kroatië (het)	Croácia (f)	[kro'asja]
Laos (het)	Laos (m)	['laws]
Letland (het)	Letônia (f)	[le'tonja]
Libanon (het)	Líbano (m)	['libanu]
Libië (het)	Líbia (f)	['libja]
Liechtenstein (het)	Liechtenstein (m)	[liʃtēs'tajn]
Litouwen (het)	Lituânia (f)	[li'twanja]

Luxemburg (het)	Luxemburgo (m)	[luʃē'burgu]
Macedonië (het)	Macedônia (f)	[mase'donja]
Madagaskar (het)	Madagascar (m)	[mada'gaskar]
Maleisië (het)	Malásia (f)	[ma'lazja]
Malta (het)	Malta (f)	['mawta]
Marokko (het)	Marrocos	[ma'hɔkus]
Mexico (het)	México (m)	['mɛʃiku]

Moldavië (het)	Moldávia (f)	[mow'davja]
Monaco (het)	Mônaco (m)	['monaku]
Mongolië (het)	Mongólia (f)	[mõ'gɔlja]
Montenegro (het)	Montenegro (m)	[mõtʃi'negru]
Myanmar (het)	Birmânia (f)	[bir'manja]
Namibië (het)	Namíbia (f)	[na'mibja]
Nederland (het)	Países Baixos (m pl)	[pa'jisis 'baɪʃus]

Nepal (het)	Nepal (m)	[ne'paw]
Nieuw-Zeeland (het)	Nova Zelândia (f)	['nɔva zi'lãdʒa]
Noord-Korea (het)	Coreia (f) do Norte	[ko'rɛja du 'nɔrtʃi]
Noorwegen (het)	Noruega (f)	[nor'wɛga]
Oekraïne (het)	Ucrânia (f)	[u'kranja]
Oezbekistan (het)	Uzbequistão (f)	[uzbekis'tãw]
Oostenrijk (het)	Áustria (f)	['awstrja]

101. Landen. Deel 3

Pakistan (het)	Paquistão (m)	[pakis'tãw]
Palestijnse autonomie (de)	Palestina (f)	[pales'tʃina]
Panama (het)	Panamá (m)	[pana'ma]

Paraguay (het)	Paraguai (m)	[para'gwaj]
Peru (het)	Peru (m)	[pe'ru]
Polen (het)	Polônia (f)	[po'lonja]
Portugal (het)	Portugal (m)	[portu'gaw]
Roemenië (het)	Romênia (f)	[ho'menja]

Rusland (het)	Rússia (f)	['husja]
Saoedi-Arabië (het)	Arábia (f) Saudita	[a'rabja saw'dʒita]
Schotland (het)	Escócia (f)	[is'kɔsja]
Senegal (het)	Senegal (m)	[sene'gaw]
Servië (het)	Sérvia (f)	['sɛhvia]
Slovenië (het)	Eslovênia (f)	islɔ'venja]
Slowakije (het)	Eslováquia (f)	islɔ'vakja]
Spanje (het)	Espanha (f)	[is'paɲa]

Suriname (het)	Suriname (m)	[suri'nami]
Syrië (het)	Síria (f)	['sirja]
Tadzjikistan (het)	Tajiquistão (m)	[taʒiki'stãw]
Taiwan (het)	Taiwan (m)	[taj'wan]
Tanzania (het)	Tanzânia (f)	[tã'zanja]
Tasmanië (het)	Tasmânia (f)	[taz'manja]
Thailand (het)	Tailândia (f)	[taj'lãdʒja]

Tsjechië (het)	República (f) Checa	[he'publika 'ʃeka]
Tunesië (het)	Tunísia (f)	[tu'nizja]
Turkije (het)	Turquia (f)	[tur'kia]
Turkmenistan (het)	Turquemenistão (m)	[turkemenis'tãw]
Uruguay (het)	Uruguai (m)	[uru'gwaj]
Vaticaanstad (de)	Vaticano (m)	[vatʃi'kanu]
Venezuela (het)	Venezuela (f)	[vene'zwɛla]
Verenigde Arabische Emiraten	Emirados Árabes Unidos	[emi'radus 'arabis u'nidus]

Verenigde Staten van Amerika	Estados Unidos da América (m pl)	[i'stadus u'nidus da a'mɛrika]
Vietnam (het)	Vietnã (m)	[vjet'nã]
Wit-Rusland (het)	Belarus	[bela'rus]
Zanzibar (het)	Zanzibar (m)	[zãzi'bar]
Zuid-Afrika (het)	África (f) do Sul	['afrika du suw]
Zuid-Korea (het)	Coreia (f) do Sul	[ko'rɛja du suw]
Zweden (het)	Suécia (f)	['swɛsja]
Zwitserland (het)	Suíça (f)	['swisa]

www.ingramcontent.com/pod-product-compliance
Lightning Source LLC
Chambersburg PA
CBHW070821050426
42452CB00011B/2122